기도!
놀라운
특권

이 시대를 향한
요한의 간곡한 외침

주경복 지음

청어 도서출판

프롤로그

"진리를 알지니 진리가 너희를 자유롭게 하리라."(요 8:32)

    인간의 역사를 한 마디로 표현 한다면 "자유에 대한 끊임없는 갈망의 역사"라 할 수 있다.

    기독교의 역사도 자유에 대한 갈망의 역사라 할 수 있다.

    지금 이 순간 우리들에게 가장 소중한 것은 자유다.

    지금 이 시대는 너무나 빠르게 바뀌고 있다.

    앞으로의 시대는 4차 혁명이라 할 수 있는 "인공지능" 시대가 열릴 것이다. 앞으로 이 세계가 어떻게 변화될 것인지, 그 변화의 기로에서 교회는 무엇을 해야 할 것인가를 생각해 보면 참으로 답답한 맘이다. 그러나 확실한 것은 2000년 전에도 승리하신 예수님이 지금도 승리자란 것이다.

"내가 세상을 이기었다."(요 16:33)

이 말씀은 우리의 꿈이고 미래이고 희망이다.

우리는 세상을 이긴 승리자다.

세상을 이긴 그 이김은 어디에서 나오는 걸까?

그것은 "하나님의 말씀"이다.

많은 이들이 답은 알고 있으나 그 답이 이상으로 끝날 뿐, 현재의 삶은 힘도 능력도 소망도 없는 삶을 살아가고 있다. 그 답을 찾지 못한 채 방황하고 있다.

필자는 이 답을 찾고자 누구보다도 치열하게 애쓰고 노력했다. 찾고 또 찾고 계속 찾았다. 아직까지 미흡하지만, 나름 찾은 답을 모든 이들과 나누고자 한다.

그 이유는 "예수님의 명령이고 나의 사명"이기 때문이다.

신앙의 세계는 진리의 세계이다.

기독교의 본질은 "하나님의 말씀"이다.

지금은 어느 시대보다도 말씀이 넘치는 시대이다. 하지만 말씀이 너무나 고갈된 시대이기도 하다. 조금만 노력하면 말씀을 찾을 수 있을 것 같은데 왜 안 되는 것일까?

왜냐하면 답을 찾기가 어렵고 복잡하기 때문이다.

필자는 창세기를 참으로 좋아한다.

아주 오래된 이야기이지만 창세기를 지금 읽어도 감동과 눈물이 나는 이유는 무엇일까?

이유는 쉽고, 재미있고, 단순하고 명확하기 때문이다.

이 책을 쓴 목적은 누구나 하나님 말씀에 쉽게 다가갈 수 있도록 하기 위함이다.

누구나 봐도 쉽고 재미있고 단순하고 명확하게 전달하고자 했다.

성경적인 관점에서 교육, 정치, 경제, 미래 등 다양한 부분을 객관적인 시각으로 담았다.

성경을 읽는 것으로만 끝내서는 안 된다. 실천을 통해 신앙생활을 하는 동안 모든 것에 실질적으로 영향을 끼쳐야 되기 때문이다.

말씀의 능력으로 진정한 승리자가 되어서 모든 어려운 일들을 이겨나가는 자가 되기를 소원하는 바이다.

중요한 것은 "성경을 직접 읽는 것"이다.

사람의 말이 아닌 성경 안으로 들어가는 것이다. 성경 안으로 들어가서 "진리의 성령님"을 통해서 살아계신 하나님을 만나는 귀한 역사가 있기를 소원하는 바이다.

예수님은 약속해 주셨고 우리들에게 기도의 놀라운 특권을 주셨다.
그 약속을 믿고 기도의 놀라운 특권으로 진정한 승리자가 되기를 꿈꾸는 바이다.

차 례

1. 요한의 심정은

1) 새로운 결심과 도전, 그리고 변화

(요 14:6)

–요한은 어떤 심정으로 기록했을까요–

성경의 각 책마다 다양한 질문을 많이 해 봅니다.

그 중에서도 요한복음을 기록한 요한에 대해서는 더 많은 질문을 해 보았습니다.

이 책을 기록한 목적이 무엇일까?

책을 기록할 당시 어떤 심정으로 기록했을까?

책을 쓰기 위한 기초는 독서입니다.

책을 읽어 나가는 방법도 중요하고, 책을 나의 것으로 소화시키고 나의 것으로 만들어 가는 과정도 중요합니다.

제가 책을 읽어 나가는 방법, 독서법을 소개해 볼까 합니다.

독서의 시작과 끝은 "책은 선택과 방향"이라 봅니다. 시중에 나와 있는 독서법에 대한 책들을 보면 독서에 대한 다양한 스킬과 방법이 나옵니다. 어떻게 읽어 나갈 것인가에 대한 방법론 입니다. 방법론도 중요하나 책의 선택과 방향도 놓치지 말아야 합니다. 독서의 깊이가 더할수록 결국 찾게 되는 것은 "나에게 맞는 책"을 찾습니다. 나에게 맞는 책은 어떤 책일까라는 것을 많이 고민해 봐야 합니다. 많은 책들 중에서 나에게 맞는 책을 찾고, 그 책을 온전히 나의 것으로 만들어 갈 때 독서의 효과를 최대로 얻을 수 있습니다.

독서의 뜻을 두고, 제대로 책을 읽어봐야 겠다는 마음을 품고 한 일이 있습니다. 책을 모으기 시작한 것입니다. 그 당시가 중고서적이 활성화 된 때라 온라인에서 가격이 싼 것 중에서 좋은 책들을 모으기 시작했습니다. 기존에 갖고 있던 책을 제외하고 500권 이상 모았을 때 기분이 좋았고, 뿌듯한 생각이 들었습니다. 읽을 책이 많아서 좋다는 생각이었습니다. 1000권을 넘어서자 책을 정리하는 방법이 달라졌습니다. 책의 특성에 맞게 정리를 하였던 겁니다. 이때부터 달라지기 시작했습니다. 책이 늘어갈수록 읽을 책이 부족하다는 것을 느낀 겁니다. 이때부터 독서법의 변화가 일어났던 것입니다. 나에게 맞는 책을 찾는 힘이 생겼고 책에 대해서 선택과 집중이 가능해 졌던 겁니다.

계속적으로 책을 더 모으자 또 다른 변화가 일어났습니다. "버림"을 실천한 것입니다. 아는 지인에게 상당히 많은 양의 책들을 주었습니다.

환경의 변화가 생겨서 둘 공간이 부족한 이유도 있었지만 더 큰 이유는 책에 대한 자신감이었습니다. 나만의 독서법을 찾았기 때문입니다. 나에게 맞는 책을 찾는 눈이 생겼기 때문입니다.

다음으로는 책을 읽어 나가는 방법입니다.

책을 정독으로 읽기 전에 먼저 전체를 한두 번 빠르게 봅니다. 전체를 파악함이 목적입니다. 짧은 시간동안 전체를 보고난 뒤에는 정독으로 읽습니다. 정독으로 읽어 나갈 때는 메모와 함께 많은 표시를 합니다. 중요성에 따라 3단계 정도로 나누어서 합니다. 정독으로 다 읽고 나면 메모와 표시해 둔 곳을 중심으로 다시 살펴봅니다. 이때는 이 책의 가장 중요한 부분과 핵심 그리고 저의 마음을 움직인 글들을 찾아냅니다. 이렇게 찾아낸 곳을 중심으로 많은 생각을 해 봅니다.

저자가 말한 의도가 무엇일까?
저자의 의도를 넘어서 새롭게 깨달아진 사실은 무엇인가?

이 질문에 대한 것들이 정리가 되고 나면 저만의 방법으로 기록을 합니다. 기록을 하되 여백을 많이 둡니다. 여백을 두는 이유는 좋은 생각들이 떠올랐을 때 메모를 하기 위함입니다. 정리가 끝나면 프린트를 하고, 프린트 한 것을 다시 보면서 나의 것이 될 때까지 많은 생각을 합니다.

처음에는 이러한 방법이 힘들고 어렵지만 훈련이 되고 나면 책을 읽을 때 많은 도움이 됩니다. 책을 다양한 각도로 볼 수 있는 눈이 생기고, 저자의 생각을 넘어서 나만의 책으로 거듭난다는 것입니다. 결코 쉽지 않은 작업이고 오랜 시간이 걸립니다.

저도 책을 내기 위해 직접 써보면서 성경을 기록한 저자들에 대해 많은 생각을 해 보았습니다. 성경을 기록한 저자들이 성경을 어떤 마음으로 기록했을까? 성경을 기록하는 과정이 얼마나 힘들었을까라는 것이 가슴 깊이 다가왔습니다.

요한복음을 기록한 요한을 생각해 보았습니다.
요한은 요한복음을 기록할 때 "뼈를 깎는 심정으로 기록했을 것이고 순교하는 마음"으로 기록했을 것입니다.
이것이 깨달아지는 순간 성경의 가치와 권위가 다르게 느껴졌고, 성경의 위대함을 다시 고백하게 되었습니다.

요한은 많은 이들에게 복음을 전했습니다.
예수님이 직접 하신 말씀과 살아온 생애를 많은 이들에게 전했습니다. 일평생 가르치고 증거하는 삶을 통해서, 요한이 가진 진리가 더욱 날카롭게 다듬어진 것입니다. 일평생 다듬어진 결과가 요한복음입니다.

그렇기에 요한복음은 읽으면 읽을수록 더욱 은혜스럽고, 더 깊은 진리가 새롭게 깨달아 지는 것입니다.

책을 읽을 때 가치를 알고 읽는 것과 가치를 모르고 읽는 것에는 많은 차이가 있습니다. 성경도 마찬가지입니다. 가치를 알고 읽을 때, 읽는 자세가 달라지고 깨달아지는 것도 달라집니다.

−새로운 결심과 도전 그리고 변화−

성경을 바르게 알기 위해서는 많은 노력이 필요합니다. 그 이유는 성경이 책이라는 형태로 기록되었기 때문입니다. 성경 속에는 역사와 문학 이외에도 많은 형식들이 있기 때문입니다.

성경을 더욱 알고자 하는 분들에게 도움이 될 만한 책을 소개해 드릴까 합니다.

일평생 성경을 연구하고 전하는 일에 노력하신 분입니다.

에스라하우스의 원장이시고 『읽는 것을 깨닫느뇨?』의 저자 노우호 목사님입니다.

목사님은 에스라하우스에서 성경전체를 한 주일 동안 강의하시고 통독까지 진행을 하십니다. 오랜 시간동안 직접 진행 하셨습니다. 지금은 여러 강사 분들이 돌아가면서 하지만, 여전히 중요한 부분들은 목사님이 직접 하십니다. 예전에 혼자 진행 하실 때는 그 모습만 봐도 내용을 떠나서 많은 도전과 은혜를 받았습니다.

저도 목사님이 진행하시는 집회를 많이 참석했었고, 목사님의 강의와 설교도 듣고 연구를 오랫동안 하였습니다. 더 자세히 배우고 싶어서 사역하시는 교회에 찾아가서 많은 것들을 배웠습니다.

성경에 대해서 더 많은 것을 알고자 하시는 분들은 목사님의 책과 대하설교를 권해 드립니다. 목사님이 말씀하시는 핵심은 성경으로 돌아가자 입니다.

지금은 쉽게 좋은 설교와 강의를 구하고 들을 수 있습니다. 이때 주의해야 될 것은 분별력을 가져야 합니다. 그리고 지나치게 사람들의 말을 따라가서는 안 됩니다.

저도 사람들의 말을 많이 따라 갔습니다. 어느 순간 성경이 아니라 사람들의 말을 따라가는 자신 스스로를 보게 되었습니다.

아! 이러면 안 되겠구나.

사람을 의지하지 말고 "성경으로 돌아가자" 결심 하였습니다.

이렇게 결심하고는 다양한 방법으로 성경을 읽기 시작했습니다. 그 중에서 결실을 맺은 방법을 소개해 드릴까 합니다.

현재 우리나라에서 나온 한글 성경번역본은 10가지가 넘습니다. 그 중에서 10가지 번역본을 선택해서 읽기 시작했습니다.

처음에는 요한계시록을 도전 했습니다. 읽다가 포기 했습니다.

로마서를 도전해 보았습니다. 이것도 포기 했습니다.

다시 창세기를 도전해 보았습니다. 이것 또한 포기 했습니다.

이렇게 하는 과정에서 각 책마다 상당히 읽게 되었고, 시간 또한 많이 흘렀습니다.

포기했다는 것보다는 "나에게 맞는 책"을 찾는 과정이었습니다.

'왜 안 될까?'라는 생각과 함께 많은 고민을 했습니다.

마지막으로 잠언을 도전해 보았습니다. 잠언을 읽어 가는 과정은 자신과의 지루한 싸움이었지만, 포기하지 않았고 성공했던 것입니다.

다양한 번역본으로 성경을 집중적으로 보니 진도가 잘 나가지 않았습니다. 포기하지 않고 인내하면서 읽어가다 보니 성경이 다르게 보이기 시작했고 그 전에는 느끼지 못한 많은 것들이 깨달아 지기 시작했습니다. 얼마나 열심히 읽었는지, 아침 일찍 도서관에 가서 하루 종일 잠언만 읽었습니다.

이렇게 읽어 나가는 것은 나 자신과의 지루한 싸움이었습니다. 짧은 시간에 같은 내용의 책을 많이 본다는 것은 결코 쉽지가 않습니다. 어느 정도 시간이 흐르자 놀라운 경험을 하게 되었습니다. 잠언을 깊이 있게 읽은 지 50독 이상 되었을 때 갑자기 두 단어가 크게 보이기 시작했습니다.

"지식과 지혜"

정말 신기한 일 이었습니다. 제가 알고 있던 내용과는 완전히 다른 내용으로 보이기 시작한 겁니다. 새롭게 보이기 시작했고 그 의미들이 달걀에서 병아리가 껍질을 깨고 나오듯, 깨달아 진 것이었습니다. 제 눈을 의심하면서 다시 깨달은 바를 짚어가며 읽기 시작했습니다. 이 두 단어의 의미가 다양한 각도로 다가오기 시작했습니다. 생명을 가진 유기체처럼 살아서 움직이는 것 같았습니다.

"아 이런 뜻이었구나?"

그 의미가 명확하게 보이기 시작했습니다.

"거참 신기하다 신기해."

포기하지 않고 계속 읽어 나갔습니다. 다시 50독을 넘어 갈 때마다 또 다른 단어들도 이렇게 보였습니다. 성경에 대해서 눈을 뜨기 시작한 것입니다. 성경에 대한 새로운 감각이 생긴 것입니다. 가장 중요한 것은 성경에 대한 자신감이었습니다. 혼자서도 마음먹으면 해 낼 수 있다는 뚝심이 생긴 겁니다.

나도 할 수 있다는 자신감이었습니다.
스스로도 성경을 깨달아 갈 수 있다는 자신감이었습니다.

저만의 방법을 깨우친 것입니다. 이 방법을 여러 사람들에게 권해 보았고 그들이 해 나가는 과정을 보니 저와 비슷한 효과가 있었습니다. 가장 큰 효과는 그들도 성경을 대하는 자세가 달라졌다는 것입니다.

선택과 집중의 힘입니다.
집중과 반복의 힘입니다.

잠언은 이전에도 많이 보았습니다. 이번에 다른 점은 짧은 시간동안 집중적으로 본 것이고, 다양한 번역본들을 보았다는 겁니다.
이렇게 읽었다고 크게 달라진 것은 없습니다. 지식이 크게 쌓인 것도 아닙니다. 변화된 것이 있다면 의식의 변화입니다. 그전과 다르게 성경에 대한 자신감이 생겼고 살아계신 하나님의 말씀으로 다가왔습니다.

"나도 할 수 있다, 하면 된다"란 의식의 변화가 있었다는 겁니다.

또 다른 변화는 사람들에게 잠언을 가르칠 수 있는 사람이 되었다는 것입니다. 잠언을 읽고 가르치면 사람들이 은혜를 받고 변화가 일어났습니다. 모르는 것에 대해서도 부끄러워하지 않게 되었고 편하게 아는 것만 가르쳐도 변화가 일어났습니다.
저에게는 놀라운 경험이었습니다.

성경을 공부 할 때 중요한 것은 집중과 반복입니다. 포기하지 않는 마음입니다.

『읽는 것을 깨닫느뇨?』 저자 노우호 목사님의 강인함도 여기에 있습니다. 목사님은 신구약 66권의 내용을 누구보다도 집중과 반복을 많이 하셨습니다. 강의만 300회가 넘었고, 실질적인 면에서는 더 많습니다. 집중과 반복을 통해서 내용이 더 다듬어지고 통찰력과 탁월함에 이른 것입니다.

-요한복음 14장 6절-

요한도 집중과 반복을 통해 다듬어지고 탁월함과 위대함에 이르게 되었습니다.

더 강인한 생명력을 발휘하게 되었습니다.

요한복음의 진수 중 진수는 요한복음 14장 6절입니다.

제가 가장 좋아하는 말씀입니다. 신구약 성경 전체 중에서도 가장 좋아하는 구절입니다.

"내가 곧 길이요 진리요 생명이니 나로 말미암지 않고는 아버지께로 올 자가 없느니라."(요 14:6)

요한은 알게 되었고 깨닫게 되었습니다.

예수님만이 유일한 길이요 진리요 생명이라는 것을 깨닫게 된 것입니다. 단순한 고백이 아닙니다. 요한은 오랫동안 집중과 반복함으로 얻은 진리였고 이것을 기록한 책이 요한복음입니다.

예수님은 길입니다.

예수님은 생명입니다.

예수님은 진리입니다.

예수님은 나에게 생명을 주셨습니다.

누구도 생각하지 못했고 알지도 못했던 말씀을 예수님은 계속 이어갑니다.

"나로 말미암지 않고는 아버지께로 올 자가 없느니라."(요 14:6)

피조물인 인간이 창조주 하나님께 갈수 있는 길이 열린 것입니다.
새로운 길이 열린 것입니다.
하나님과 만남이 이어진 것입니다.

하나님과의 만남, 기도의 문이 열린 것입니다.
기도를 통해서 새로운 역사를 만들어 낼 수 있는 길이 열린 것입니다.

기적 중에 기적이요 혁명 중에 혁명입니다.
어떻게 이러한 일이 가능할까요.

정답은 "예수 그리스도"입니다.
예수님으로 말미암아 놀라운 특권을 얻은 것입니다.

2) 이 책을 쓴 목적은?

(요 14:1)

-요한을 향한 하나님의 계획은-

두 가지 질문을 드리고 싶습니다.

세상에서 가장 가치 있는 것은 무엇일까요?
요한복음은 어떤 책일까요?

사람들은 누구나 귀중한 보화를 찾으려 합니다. 자신이 찾고자 하는 보화가 무엇인가에 따라서 인생의 방향이 결정되어지고 그렇게 결정된 방향에 따라서 살아갑니다. 값진 보화는 그 보화를 알아보는 자의 것입니다. 아무리 값진 보화가 있어도 그 보화를 알아보지 못한다면 소용이 없습니다.

요한복음은 귀중한 보화입니다. 그중에서도 14장에서 16장까지는 더 귀합니다.

이 귀한 보화는 발견한 자의 것입니다. 이 귀한 보화를 발견한 저는 이 보화와 같은 책을 소개해 드릴까 합니다.

사도요한은 예수님의 제자들 중에서 마지막까지 살아남은 제자입니다. 요한은 그 시대 제자들이 사역하는 모습을 보았고 제자들이 순교하는 모습까지 보았습니다. 요한도 순교자의 반열에 서고 싶었을 것입니다. 그러나 요한의 뜻대로 되지 않았고 끝까지 살아남게 됩니다.

이 모든 것에는 하나님의 뜻이 있었습니다. 하나님은 요한을 통해 더 크고 위대한 일을 계획하고 계셨던 겁니다. 요한은 하나님의 뜻을 깨닫게 되었고, 그 깨달음의 결과로 나온 책이 요한복음입니다. 그 중 가장 귀한 부분이 요한복음 14장에서 16장까지입니다.

예수님의 명령대로 요한은 많은 이들에게 하나님의 말씀을 전했습니다. 다른 제자들도 하나님의 말씀을 전했고, 요한은 그들의 모습을 오랫동안 지켜보았습니다. 제자들이 순교하는 모습을 지켜보면서 요한은 많은 생각에 잠기게 됩니다. 앞으로 이 복음을 어떻게 이어나갈까? 그 당시에 나온 다른 복음서들도 보았을 겁니다. 다른 자료들도 보았을 겁니다.

과연 부족한 것이 무엇일까?

하나님은 오랜 시간 기다리셨습니다. 요한이 준비가 될 때까지 기다렸던 것입니다.

요한이 준비 되었을 때, 하나님은 일하기 시작하셨습니다. 요한에게 크신 은혜와 지혜 그리고 성령의 영감을 주셔서 위대한 이 한 권의 책을 남겼습니다. 준비가 된 요한에게 하나님의 크신 은혜가 임했던 것입니다. 우리도 하나님의 말씀을 전하기 위해서는 많은 준비를 해야 합니다. 특히 이 시대는 더욱 그렇습니다. 사람들의 사고 수준도 높아지고, 미디어의 영향으로 쉽게 정보를 찾을 수 있는 시대이기 때문입니다. 예전처럼 지식적인 것으로 복음을 전해서는 열매를 맺기 힘든 시대입니다. "예수 천당, 불신 지옥" 이렇게 외쳐서는 불신만 낳는 시대입니다. 왜냐하면 사람들은 정확하고 명확한 사실을 원하기 때문입니다.

복음을 전하는 자는 "증인"이 되어야 합니다. 증인이라 하면 보고 들은 사실을 있는 그대로 전해야 합니다. 그렇기에 내가 먼저 하나님과 깊은 만남이 있어야 합니다. 말씀에서 살아계신 하나님을 만나야 합니다.

-이 책을 쓴 가장 중요한 목적-

앞으로는 교회가 더 힘들어 질 것이고, 복음의 문도 닫힐 것입니다. 최근에 나타난 코로나바이러스를 보면서 많은 충격을 받았습니다. 이렇게 되어서 교회를 못 가는구나! 라는 것입니다. 이제는 받아들여야 하는 현실입니다. 앞으로는 이것보다 더한 것들도 많이 나타날 것입니다.

이러한 질병보다도 더 무서운 것은 "문화 속에 들어온 사상들"입니다. 전 세계가 문화라는 것을 통해서 하나가 되고 있습니다. 대표적인 것들은 TV, 유튜브, 영화 등 입니다. 전파속도가 빠르고 사람들의 사상을 하나로 만들어 버립니다. 그것도 무의식 속에서 만들어 버립니다. 사람들은 그 문화가 만든 사상 속에서 살아가고 분별력을 잃어버립니다. 그 문화가 말하는 것은 하나입니다.

하나님은 없다, 성경은 하나님의 말씀이 아니다!

더 무서운 것은 이단들입니다.

이슬람의 세력도 커질 것이고, 정치적으로도 하나로 묶으려 하는 세력들도 생겨날 것입니다. 특히 이단들은 사람들을 조직적으로 훈련하고 움직여 나갑니다. 그들의 1차적 타격대상은 교회입니다. 현 교회의 문제점들을 철저히 파악해서 그 약점을 통해 교회를 무너뜨릴 것입니다.

또 다른 위기라면 "중독"입니다. 가장 큰 중독은 마약입니다. 합법적인 방법으로 마약을 복용하겠고 그것이 많이 퍼질 것입니다. 더 무서운 중독은 "스마트 기기의 중독"입니다. 정말로 심각할 수준입니다. 인공지능 시대가 열리고 나면 사람들은 이러한 것에서 헤어나지 못할 것입니다.

가장 안타까운 것은 이러한 사실을 모른다는 것입니다!

왜 이러한 일들이 생겨나는 걸까요?

문제의 현상만보고 어떤 대책을 내놓는 것보다, 근본적인 것부터 살펴보아야 합니다. 어디서부터 잘못되었는가를 봐야 한다는 것입니다. 이렇게 해결하지 않으면 문제를 해결하는 듯하나 다시 문제에 빠져 버립니다. 결국은 문제 속에서 헤어 나오지 못합니다.

신앙생활의 중요한 축은 두 가지입니다. "말씀과 기도"입니다.

말씀이 먼저이고 다음이 기도입니다.

우선순위가 절대로 바뀌면 안 됩니다. 말씀 없이 기도가 중심이 되면 많은 문제들이 생깁니다. 신앙이 바르게 형성되지도 않고, 비인격적이고 신비적인 방향으로 갑니다. 그러나 말씀이 중심이 되면 기도의 파워는 막강해 집니다. 기도가 나의 기도가 되는 것이 아니라 "하나님이 진정 원하시는 뜻"이 나의 기도 제목이 됩니다. 하나님과 하나가 된다는 것입니다. 이것이 요한복음 14, 15, 16장에서 예수님이 말씀하신 기도의 중요한 맥입니다. 이것을 이루기 위해서는 성경을 바르게 아는 것이 절대적입니다.

제가 이 책을 쓴 가장 중요한 목적은 이것입니다.

기도! 놀라운 특권을 알고 기도의 능력으로 세상을 움직여 가자는 것입니다. 그 놀라운 특권을 알기 위해서 반드시 따라와야 하는 것은 하나님의 말씀입니다. 성경입니다.

기도만 열심히 하면 되지 뭐!

성경을 군이 알 필요가 있냐!

아주 위험한 생각입니다. 현 기독교가 잘못된 방향으로 가게된 가장 큰 원인입니다. 저 또한 젊은 시절 너무나 많은 시간과 에너지를 기도에 소비했습니다. 맹목적으로 기도만 하였습니다.

얼마나 간절히 기도를 했는지…!

그러나 하나님의 은혜로 깨닫게 된 것은 말씀 없는 기도는 의미 없는 기도 입니다. 말씀 없는 기도는 자기욕심만 채우는 이기적인 기도로 갈 수밖에 없습니다. 이기적이고 욕심으로 가득한 기도는, 바른 영적인 세계로 가는 것이 아니라 신비적인 세계로 가고, 그 세계에서 귀신들의 장난에 놀아나게 됩니다. 이러한 현상이 가장 잘 나타나는 곳이 이단들의 세계입니다. 99%가 아니라 100% 입니다. 그런데 아이러니 하게도 이단들은 자기들의 사상을 세뇌시키기 위해서 사용하는 것이 "성경"입니다. 성경을 하나의 도구로 조직적으로 사용해 버립니다. 처음에는 이상하다는 생각이 드나 어느 순간에 세뇌 당하고 나면 맹목적으로 믿어 버립니다. 한번 세뇌 당한 생각들은 그 어떤 것으로도 변화시킬 수 없습니다. 많이 힘들다는 것입니다. 왜 그런가 하면 그 속에서 귀신들이 역사하기 때문입니다. 진리가 아니라 거짓이 역사하기 때문입니다. 거짓의 아비로 인해서 그들도 거짓을 믿고 거짓으로 사는 것입니다.

이 얼마나 안타까운 일입니까!
답답한 마음 뿐입니다!

성경, 성경! 이렇게만 주장하니 많은 이들이 비웃습니다.
뭐! 그리 살 필요가 있나. 괜찮다, 하나님이 지켜 주신다!
무사안일(無事安逸)!
일이 터지고 나면 늦습니다. 그때 후회한들 소용없습니다.

성경으로 돌아가야 합니다. 성경을 통해서 기도로 나아가야 합니다. 하나님이 주신 놀라운 특권을 발휘해야 합니다. 세상을 이겨나가야 합니다.

이 작은 외침이 크게 외쳐지기를 소망합니다. 더 많은 이들이 외쳐야 합니다. 이 소리가 절대로 약해져서는 안 됩니다. 멀리 멀리 퍼져 나가야 합니다.

그리고는 하나님이 주신 기도! 이 놀라운 특권을 발휘해야 합니다. 그 능력으로 많은 생명을 살리는 일에 동참해야 합니다. 이것이 하나님의 간절한 마음이고 뜻입니다.

-누구도 알 수 없는 예수님의 마음-

요한복음 14장은 예수님이 십자가에 죽으시기 전 마지막으로 하신 말씀입니다. 예수님의 마지막 당부였고 유언과 같은 말씀입니다. 예수님은 마지막으로 제자들에게 소중한 말씀을 남기셨습니다. 이 말씀을 남기시기 위해 예수님은 고민하셨고 때가 되었을 때 제자들에게 말씀하신 겁니다. 요한은 예수님의 이러한 뜻을 깨닫게 되었고, 예수님의 마음을 책으로 남긴 것이 요한복음입니다.

예수님의 십자가와 부활은 기독교의 핵심이고 본질입니다. 예수님이 십자가상에서 죽으시기 전의 모습도 중요합니다. 예수님도 인간이신지라 죽음 앞에서 많은 갈등이 있었습니다. 예수님이 하신 기도가 이것을 잘 말해 주고 있습니다. 겟세마네 동산에서의 간절한 기도가 예수님 마음속의 갈등을 잘 보여주고 있습니다.

[42] 이르시되 아버지여 만일 아버지의 뜻이거든 이 잔을 내게서 옮기시옵소서 그러나 내 원대로 마시옵고 아버지의 원대로 되기를 원하나이다 하시니

[43] 천사가 하늘로부터 예수께 나타나 힘을 더하더라

[44] 예수께서 힘쓰고 애써 더욱 간절히 기도하시니 땀이 땅에 떨어지는 핏방울 같이 되더라

(누가복음 22:42-44)

[36] 이에 예수께서 제자들과 함께 겟세마네라 하는 곳에 이르러 제자들에게 이르시되 내가 저기 가서 기도할 동안에 너희는 여기 앉아 있으라 하시고

[37] 베드로와 세베대의 두 아들을 데리고 가실새 고민하고 슬퍼하사

[38] 이에 말씀하시되 내 마음이 매우 고민하여 죽게 되었으니 너희는 여기 머물러 나와 함께 깨어 있으라 하시고

[39] 조금 나아가사 얼굴을 땅에 대시고 엎드려 기도하여 이르시되 내 아버지여 만일 할 만하시거든 이 잔을 내게서 지나가게 하옵소서 그

러나 나의 원대로 마시옵고 아버지의 원대로 하옵소서 하시고

[40] 제자들에게 오사 그 자는 것을 보시고 베드로에게 말씀하시되 너희가 나와 함께 한 시간도 이렇게 깨어 있을 수 없더냐

[41] 시험에 들지 않게 깨어 기도하라 마음에는 원이로되 육신이 약하도다 하시고

[42] 다시 두 번째 나아가 기도하여 이르시되 내 아버지여 만일 내가 마시지 않고는 이 잔이 내게서 지나갈 수 없거든 아버지의 원대로 되기를 원하나이다 하시고

[43] 다시 오사 보신즉 그들이 자니 이는 그들의 눈이 피곤함일러라

[44] 또 그들을 두시고 나아가 세 번째 같은 말씀으로 기도하신 후

[45] 이에 제자들에게 오사 이르시되 이제는 자고 쉬라 보라 때가 가까이 왔으니 인자가 죄인의 손에 팔리느니라

[46] 일어나라 함께 가자 보라 나를 파는 자가 가까이 왔느니라

(마태복음 26:36-46)

예수님은 있는 힘을 다해 간절히 기도하셨습니다. 모든 것을 다 바친 기도, 목숨을 건 기도였습니다. 얼마나 간절하게 기도하셨는지 땀이 핏방울 같이 되었습니다.

예수님은 참 하나님이시고 참 사람인지라, 사람들과 같이 고통을 느끼셨습니다. 그 마지막 순간 예수님의 기도는 이 세상의 모든 이들이

한 기도보다 더욱 간절한 기도였습니다. 하나님의 뜻을 이루기 위한 기도였고 많은 고통이 있었습니다. 사람들의 이성으로는 이해할 수 없는 고통의 순간 이었습니다. 십자가의 아픔보다도 더 견디기 힘든 순간이었습니다.

아브라함이 자신의 소중한 아들 이삭을 하나님의 명령대로 바칠 때 하나님은 삼일 길을 가게 하셨습니다. 소중한 아들을 곧바로 제물로 바쳤더라면 쉬웠을 것인데, 그 삼일 동안은 아브라함에게 갈등과 고통의 시간이었습니다. 예수님도 십자가를 지시기 전 그 순간은 갈등과 고통의 시간이었습니다.

예수님의 고통은 무엇이었을까요?
가장 큰 고통은 십자가상에서 죽으실 때 하나님과의 단절입니다. 인간의 이성으로는 이해할 수도 알 수도 없는 세계입니다. 하나님이신 예수님이 인간의 몸을 입고 오신 것도 힘든 고통이었을 터인데 하나님이 죽음을 맞이한다는 것을 어찌 인간의 언어로 표현할 수 있을까요!
십자가상에서 당하신 그 고통만 이해하려다 보니 예수님의 마음을 진정 못 보는 것이 아닐까요!
예수님의 고통을 바로 보지 못하는 가장 큰 이유는 십자가에 못 박히는 그 순간만 생각해서입니다.

많은 이들이 눈물을 흘립니다.

예수님이 가시관 쓰시고, 십자가에서 피를 흘리시고 고통하시는 모습을 보면서 눈물을 흘립니다. 십자가에 손과 발이 못 박히시는 모습만이 예수님의 고통이라 생각합니다. 그것이 전부인 것처럼 믿는 우리들의 모습을 봅니다. 그것은 아주 작은 부분에 지나지 않습니다. 어찌 인간이 예수님의 아픔을 온전히 이해할 수 있을까요. 우리들이 알지 못하고 이해하지 못하는 아픔이 있었습니다. 우리가 성경을 너무 형식적으로 본 결과, 성경을 바로 이해하지 못한 결과가 아닐까요.

예수님은 우리들이 알지 못하는 고통을 겪으셨습니다.

십자가의 고통을 나도 지고 가겠다, 나도 예수님처럼 십자가를 지고 가겠다는 모습은 무지와 오만의 모습이 아닐까요. 어찌 인간이 창조주 하나님의 아픔과 고통을 이해하겠습니까. 예수님은 인간들이 알지도 이해하지도 못하는 아픔과 고통 속에서, 제자들과 함께 만찬을 나누시고는 마지막 당부를 하십니다.

이러한 예수님의 모습을 온전히 이해하고 본다면 요한복음 14장의 말씀은 더 가치 있고 깊은 의미로 다가오리라 봅니다.

–예수님은 끝까지 책임져주십니다–

예수님은 십자가를 지시기 전 놀라운 말씀을 하십니다. 인간의 이성으로는 이해가 안 되는 말씀입니다. 참으로 위대한 말씀입니다. 인간의 이성과 사고와 육체의 한계를 넘어서는 말씀입니다. 놀라운 말씀이고 위로와 소망의 말씀입니다.

"너희는 마음에 근심하지 말라 하나님을 믿으니 또 나를 믿으라."
(요 14:1)

예수님은 극한 상황 속에서도 평안이 있었고, 오히려 우리들을 위로해 주시고 사랑해 주십니다.

"이 말씀은 기적이요. 신비요, 능력입니다."

사람들이 기적이라 하면 병이 치유되고 귀신이 나가고 능력이 나타나는 것을 기적이라 합니다. 그것은 온전한 기적이 아닙니다. 온전한 기적과 신비는 예수님의 모습입니다. 예수님은 극한 상황 속에서도 마음에 평안이 있었고 우리들에게 용기와 위로를 주십니다.
예수님은 더 놀라운 말씀을 하십니다.

"하나님을 믿으니 또 나를 믿으라."

육신을 가진 인간이 할 수 없는 말이 있습니다. 내가 책임져 줄 테니 영원히 나를 믿고 근심하지 말라는 말입니다. 부모들은 가장 사랑하는 자녀도 나이가 들면 어찌할 수 없습니다. 부모의 한계입니다. 자녀를 사랑하지만 더 이상 보살펴 주지 못하는 안타까움입니다. 그러나 예수님은 극한 상황 속에서 죽음을 맞이하는 순간에 이런 말씀을 하셨습니다.

"근심하지 말고 나를 믿으라."

인생은 근심의 연속입니다. 산다는 것은 염려와 불안과 아픔의 연속입니다. 가장 큰 근심은 죽음을 맞이하는 순간입니다. 죽음에 대한 근심과 불안은, 죽음을 맞이하는 자만이 알 수 있는 세계입니다.
예수님은 말씀하십니다.

"마음에 근심하지 말고, 나를 믿으라."

이것이 기적 중의 기적이고, 신비중의 신비이고 능력 중의 능력입니다. 마음에 근심하지 말라는 말씀보다 더 하기 힘든 말씀은 나를 믿으라는 것입니다. 세상의 어떤 사람도 나를 믿으라. 내가 끝까지 책임져 주겠다는 말은 못합니다. 만약에 그 말을 한다면 거짓이거나 사기입니다.

"나를 믿으라"란 말은 내가 끝까지 책임져 주겠다는 말입니다.

죽음의 순간이 다가 왔을 때, 어느 누구도 해결해 주지 못합니다.

사업상의 문제로 극한 어려움을 겪고 있다면 어느 누구도 해결해 주지 못합니다.

부모 또한 가장 사랑하는 자녀를 끝까지 지켜주지 못합니다.

예수님은 말씀하십니다.

"나를 믿으라."

예수님은 인간의 한계와 능력을 넘어서서 말씀하십니다. 우리의 죽음도 인생의 모든 문제도 책임을 져 주신다는 말씀입니다. 예수님만이 하실 수 있는 말씀입니다.

예수님은 우리를 끝까지 책임져 주시고 지켜 주시겠다고 약속하셨습니다.

하나님의 말씀은 놀라운 능력이 있습니다. 믿음으로 그 말씀을 믿고 담대하게 나갈 때 말씀의 능력이 나타납니다. 현재 어려움과 두려움이 있다면 잠시 나의 생각을 내려놓고 예수님의 말씀을 붙잡기를 바랍니다. 말씀의 능력이 나의 삶을 변화시켜 줄 것이고, 예수님의 약속은 반드시 이루어 질 것입니다.

예수님은 인생의 해답입니다.

3) 요한의 위대한 한 권의 책

(요 14:2-7)

인생이란 무엇일까?

산다는 것은?

이 질문에 어떠한 답을 하느냐에 따라서 그 사람의 인생이 달라집니다. 이 질문을 끊임없이 해 보아야 합니다.

예수님도 제자들과 많은 질문과 대화를 하셨습니다. 제자들 스스로 답을 찾아 가도록 하셨습니다. 예수님의 이러한 대화법과 교육법은 본받을 만하고, 아주 탁월한 방법입니다.

－하나님을 아버지라 부르는 자는－

"내 아버지 집에 거할 곳이 많도다 그렇지 않으면 너희에게 일렀으리라 내가 너희를 위하여 거처를 예비하러 가노니."(요14:2)

예수님은 제자들에게 새로운 세상 하나님의 나라에 대한 말씀을 하십니다. 인간의 이성으로는 알 수도 이해할 수도 없는 곳입니다.

예수님은 제자들과 함께 사역을 하시면서 혁명과 같은 말씀을 하셨습니다.

"하나님을 아버지"라는 칭호와, 새로운 나라 "하나님의 나라"입니다. 그 시대 사람들이 이해한 하나님은 예수님이 말씀하신 하나님과는 너무나 다른 하나님이셨습니다. 너무나 추상적인 하나님이요 죽은 하나님이었습니다.

예수님은 그 누구도 이해하지 못하는 말씀을 하셨습니다. 하나님을 아버지라 부른 것입니다. 아버지는 사람이 부를 수 있는 가장 친근한 표현입니다. 아이들은 아빠, 아버지가 절대적인 존재이고, 가장 신뢰하는 존재입니다.

당신은 하나님을 어떻게 이해하고 고백 하시나요? 그 시대 사람들처럼 고백하는 것은 아닌가요? 살아계신 하나님이 아닌 죽은 하나님을 믿고 따라가는 것이 아닌가요?

목회를 하다보면 많은 이들을 만나게 됩니다. 어려움을 당하는 이들을 많이 만나게 됩니다. 어려움을 당하는 이들과 이야기를 하거나 상담을 하다보면 공통적인 특징이 있습니다.

말씀중심의 신앙이 아닌 신비주의로 치우치거나 사람을 너무 의지한다는 겁니다. 그들은 신앙의 기준이 없습니다. 하나님을 잘못 이해하고 오해 하고 있습니다. 그들에게 가장 필요한 것은 말씀에 대한 바른 기준입니다. 하지만 아쉽게도 말씀보다는 사람을 의지하거나 신비주의로 빠지는 경우를 더 많이 봅니다. 그들이 당한 어려운 일이 해결되기보다는 그 일이 더 어렵게 되고, 신앙적으로도 어긋나는 경우가 많습니다. 아이러니 하게도 그들의 열심은 대단합니다.

신앙생활의 기본은 하나님에 대한 바른 이해, 말씀에 대한 바른 이해입니다. 하나님에 대한 가장 좋은 표현은 '아버지'라는 칭호입니다. '아빠'라는 칭호입니다. 어린아이들이 부르는 그 말입니다.

하나님은 멀리 계시는 분이 아닙니다. 우리들 곁 가장 가까이에 계시는 분입니다. 지금도 살아계시고 역사하시는 분입니다. 이러한 일이 가능케 된 것은 예수님 때문입니다.

예수님으로 말미암아 전지전능하신 하나님이 우리들 삶 한 가운데로 오셨습니다. 창조주 하나님이 우리들 곁에 오셨습니다. 하나님의 전적인 사랑이요, 무조건적인 사랑입니다.

하나님이 우리와 함께 하신다는 것이 얼마나 놀라운 일인가요!

더 놀라운 것은 아버지와 아들의 관계가 되었다는 겁니다. 하나님을 아버지라 부를 수 있는 놀라운 특권입니다.

아버지라는 관계가 형성되면서 새로운 약속을 주셨습니다. 기도에 대한 약속입니다. 기도는 하나님과의 인격적인 만남과 대화입니다. 말씀으로 하나님과의 바른 관계가 형성되고 나면 기도할 수 있는 특권이 생깁니다. 왜 이 특권이 중요한가하면 우리의 기도를 통해서 하나님이 역사해 주시기 때문입니다. 인간의 역사에 개입하신다는 겁니다.

하나님은 이 세상의 주관자이십니다. 하나님의 크신 손길에 의해서 역사는 움직여가지만 사람들의 역할도 큽니다. 사람들에게 자유의지를 주시고 이 세계를 맡겨 주셨기 때문입니다. 인간의 역사를 보면 선의 역사보다는 악의 역사가 더 많습니다. 사람들의 끝없는 욕심이 파멸로 간다는 것입니다.

가장 대표적인 사건이 노아의 홍수입니다.

그때 살아남은 사람은 노아와 가족들입니다. 노아를 통해서 새로운 역사를 이어가십니다. 아브라함을 통해서 새롭게 역사를 이어가십니다. 아브라함과 약속을 통해서입니다. 그 약속이 언약이고 하나님의 말씀입니다. 지금은 알 수가 없으나 하나님과 노아와 말씀이 이어졌고, 아브라함을 통해서 새롭게 정립이 되었던 것입니다. 하나님의 법을 통해서 새로운 역사가 만들어진 것입니다.

하나님의 법이 인간의 역사에 개입했다는 것입니다. 하나님의 사람들에 의해서입니다. 그 법이 악의 세력을 이기고, 생명을 얻습니다. 쉽게 말씀드리면 말씀이 들어가면 변화가 일어난다는 것입니다. 그 변화가 생명이 살아나는 역사입니다.

여기에서 가장 중요한 것은 "말씀의 사람이, 기도를 통해서 이 땅에 하나님의 손길에 영향을 미친다"는 것입니다.

이 원리로 본다면 역사의 끝은 하나님의 법이 이 땅에 더 이상 없을 때입니다. 하나님의 사람이 없을 때입니다. 성경이 더 이상 영향력이 미치지 않을 때입니다.

이것이 "성경의 역사관"입니다!

성경의 중요성은 아무리 강조해도 끝이 없습니다. 하나님은 성경을 통해서 인간의 역사에 관여한다는 것입니다. 말씀의 사람들을 통해서입니다. 하나님의 사람들에 의해서 공평과 정의의 법을 만들어 간다는 것입니다. 하나님은 기도라는 도구를 통해서 만들어 가십니다.

기도! 놀라운 특권입니다.

하나님을 아버지라 부를 수 있다는 것은 기도의 문이 열렸다는 것입니다. 기도의 문을 열수 있는 자는 성경의 열쇠를 가진 이들입니다.

제가 참으로 좋아하는 복음송이 있습니다. 언제 들어도 은혜와 감동과 기쁨과 도전을 주는 곡입니다.

"하나님을 아버지라 부르는 자는
좋은 일이 있으리라 많이 있으리라.
우리 서로 뜨겁게 사랑 하면은
좋은 일이 있으리라 크게 있으리라."

하나님을 아버지라 부르는 자에게는 좋은 일이 있습니다. 그것도 아주 많이 있습니다.

하나님을 아버지라 부를 때 기적이 일어납니다. 놀라운 역사가 일어납니다. 불가능이 가능케 됩니다.

하나님을 아버지라 부르게 될 때 나타나는 또 다른 역사는 서로 사랑하는 관계가 된다는 것입니다. 성경을 한마디로 줄인다면 '하나님사랑 이웃사랑'입니다. 그 사랑이 우리를 온전케 해 줍니다. 예수님으로 인해

하나님을 아버지라 부를 수 있게 되었고, 하나님과 우리와의 새로운 관계가 이어진 것입니다. 이 얼마나 위대하고 놀라운 일인가요!

−핵폭탄과 같은 선언−

예수님은 하나님 나라에 대한 말씀을 하십니다. 인간의 이성으로는 이해하지도 알지도 못하는 세계입니다. 그 곳은 예수님이 계셨고 앞으로 우리들을 그곳으로 불러 주십니다.

다시 질문을 드리고 싶습니다.

인생이란 무엇일까요?

수많은 답이 있지만 저의 답은 이렇습니다.

"인생은 끝없는 준비다!"

인생은 끝없이 준비하는 과정입니다.

어린 아이 때는 앞으로 살아가야 될 삶을 위해서 준비해야 되고 청소년 시기는 좋은 대학이나 취업을 위해서 준비해야 되고 청년 때는 좋은 가정을 가지기 위해서 준비를 해야 되고 가정을 가진 후에는 새롭게 태어날 아이들을 위해 준비해야 되고 나이가 들면 노후를 위해 준비해야 되고 삶의 마지막 순간에는 죽음을 위해서 준비해야 됩니다. 인생은 끝없는 준비입니다.

예수님도 새로운 삶을 위해서 준비하러 가십니다. 우리들이 앞으로 가게 될 그 곳을 위해 준비하러 가십니다. 세상의 어떠한 소식보다도 더 기쁘고 복된 소식입니다. 짧은 말이지만 그 속에는 많은 의미가 있습니다. 우리 인생은 이 땅이 전부가 아니라 새로운 곳이 있다는 겁니다.

"그렇기에 지금 이 순간이 아주 소중한 시간입니다."

내가 지금 살아있기 때문에, 이후에 그곳에 들어갈 기회가 있습니다. 지금 이 세계와는 완전 다른 세계입니다. 그 곳에는 영원한 생명이 있습니다. 평화와 기쁨이 있습니다. 하나님이 함께 해 주시고, 하나님을 만나고 볼 수 있는 곳입니다. 온전한 자유와 회복이 있고 찬양과 감사가 넘치는 곳입니다. 하나님의 나라에 대한 올바른 이해가 중요합니다.

"내가 어디로 가는지 그 길을 너희가 아느니라."(요 14:4)

예수님은 놀랍게도 제자들이 그 길을 안다고 하셨습니다. 그 당시에 제자들은 예수님의 이러한 말씀을 전혀 이해하지 못했습니다. 제자들의 마음은 오로지 성공뿐이었고, 예수님을 통해 내가 얻게 될 영광만 생각하고 있었습니다.

그때 제자 중에서 도마가 말을 이어갑니다. 아주 평범한 말이고 솔직한 말입니다. 예수님은 이러한 말 속에서 위대하고 놀라운 진리의 말씀을 하십니다.

"도마가 이르되 주여 주께서 어디로 가시는지 우리가 알지 못하거늘 그 길을 어찌 알겠사옵나이까."(요14:5)

예수님은 대답을 하십니다. 아주 짧은 말이지만 핵폭탄과 같은 말씀입니다. 우리 인생을 송두리째 바꿀 수 있는 말씀입니다. 혁명과도 같은 말씀입니다. 인간은 절대 할 수 없는 말입니다. 하나님만이 하실 수 있는 말씀입니다.

"내가 곧 길이요 진리요 생명이니, 나로 말미암지 않고는 아버지께로 올 자가 없느니라."(요14:6)

예수님은 나의 삶에 길이 되어 주십니다.

예수님은 모든 문제에 해답이 되어 주십니다.

예수님은 나의 생명이 되시고 죽음 이후에도 영원한 생명을 주십니다.

삶을 산다는 것은 방황의 연속입니다.

겉으로 보면 잘 사는 것 같고 행복해 보이나 그 속을 들여다보면 방황과 갈등으로 가득 차 있는 것이 인생입니다. 이러한 인생에 예수님은 길과 진리가 되어 주십니다. 길과 진리가 되어 주신다는 것은, 그 인생을 끝까지 책임져 주겠다는 겁니다. 어느 누구도 할 수 없는 말입니다.

예수님만이 하실 수 있습니다. 이것이 기적 중 기적이고 혁명 중 혁명입니다. 이보다 더 큰 기적과 혁명이 어디 있겠습니까!

이 말씀은 나의 인생의 방향을 완전히 바꾸는 혁명과도 같은 말씀입니다. 더욱 놀라운 말씀은 하나님을 알게 된다는 것입니다. 인간이 창조주 하나님을 알고 이해 할 수 있는 길이 열린 것입니다.

"너희가 나를 알았더라면 내 아버지도 알았으리로다. 이제부터는 너희가 그를 알았고 또 보았느니라."(요 14:7)

−요한의 위대한 이 한 권의 책−

예수님이 누구신가란 질문을 다시 드리고 싶습니다.

요한이 이 질문에 대한 고백이 '요한복음'입니다. 요한이 만난 예수님을 고백한 책이 요한복음입니다. 요한의 위대한 발견입니다. 요한은 아주 값진 보화를 발견한 것입니다.

"태초에 말씀이 계시니라 이 말씀이 하나님과 함께 계셨으니 이 말씀은 곧 하나님이시니라, 그가 태초에 하나님과 함께 계셨고, 만물이 그로 말미암아 지은 바 되었으니 지은 것이 하나도 그가 없이는 된 것이 없느니라."(요 1:1–3)

요한은 고백합니다. 이 세상이 창조되기 전에 말씀이 계셨고, 말씀은 하나님과 함께 계셨고, 그 말씀이 하나님이시라는 겁니다. 그 말씀이 예수님이라는 겁니다. 예수님은 하나님이시고 창조주라는 겁니다.

"말씀이 육신이 되어 우리 가운데 거하시매 우리가 그의 영광을 보니 아버지의 독생자의 영광이요 은혜와 진리가 충만하더라."(요 1:14)

말씀이 우리가운데 오셨고, 우리와 영원토록 함께 계십니다. 그 말씀은 지금 우리가 보고 있는 성경입니다. 예수님은 성령님을 통해서 이 땅에 성경을 남겨 주셨고 그 성경을 통해서 놀라운 일들을 하셨습니다.

하나님의 놀라운 계획입니다. 우리들을 향한 사랑입니다.

우리들은 성경을 통해서 예수님을 알게 되었고 만나게 된 것입니다. 유한한 인간이 영원한 하나님과 새로운 관계가 형성된 것입니다. 새로운 역사가 시작된 것입니다.

이 놀라운 사실을 깨달은 요한은 지금도 증거하고 있습니다. 지금도 요한이 기록한 책은 역사하고 있습니다. 많은 이들의 생명을 살리는 일을 하고 있습니다.

이 한 권의 책은 참으로 위대한 책입니다.

4) 기도하는 자가 누리는 놀라운 특권

(요 14:7-14)

―가장 위대한 사건이요, 혁명입니다―

나의 신앙고백은?

아주 중요한 질문입니다. 이 질문의 답을 찾기 위해서는 오랜 시간과 노력이 필요합니다. 질문과 함께 답을 찾아가는 과정을 통해서 인생의 방향이 달라지기 때문입니다.

현재 어느 교회를 다니느냐, 헌금은 얼마나 하느냐, 봉사는 얼마나 하느냐 보다도 우선시 되어야 할 것이 자신의 신앙고백입니다. 신앙고백이 분명하게 정립되면 삶의 방향과 목적이 명확해 집니다. 그때부터가 "나의 인생, 나의 길"을 가게 됩니다.

"내가 곧 길이요 진리요 생명이니 나로 말미암지 않고는 아버지께로

올 자가 없느니라."(요 14:6)

이 말씀이 저의 신앙고백입니다.

인생의 길이 되어 주시고, 모든 문제에 해답이 되어 주시는 예수님입니다. 분명한 신앙고백을 가지는 순간 기도의 내용과 깊이가 달라집니다. 신앙생활의 모습도 달라집니다. 어떤 어려움이 와도 흔들리지 않는 강인함이 생깁니다.

자신만의 신앙고백을 찾는 것이 먼저입니다. 이 신앙고백은 "하나님 말씀"에서 찾아야 합니다. 말씀을 통해서 내가 누구인지, 나의 신앙고백은 무엇인지. 하나님은 어떠한 분인지를 찾아야 합니다.

요한복음을 읽어보면 내용적으로는 쉽게 읽어집니다. 그런데 신기하게도 읽으면 읽을수록 어렵게 다가온다면 될까요! 분명히 이해되고 알았던 말씀인데 왜 어렵게 느껴질까란 생각을 해봅니다. 과연 그 깊이가 어느 정도일까라는 생각도 해봅니다.

요한은 이러한 말씀을 어떻게 기록 했을까 감탄이 들 정도입니다. 참으로 신기한 책입니다. 그 중에서도 요한복음 14, 15, 16장 안에는 많은 보배들이 숨어 있고, 그 보배의 가치는 무궁무진합니다. 찾아도 찾아도 끝이 없는 보배가 나온다면 될까요!

가장 귀한 보배는 "보혜사 성령하나님"입니다.

"그가 또 다른 보혜사를 너희에게 주사 영원토록 너희와 함께 있게 하리니."(요 14:16)

하나님이 주신 귀하고 가장 큰 선물은 이것입니다. "성령하나님"입니다. 그러나 아쉽게도 사람들은 이해하지도 깨닫지도 못합니다. 가장 큰 선물보다는 작은 것들을 위해서 열심히 살아갑니다.

이 귀한 선물을 깨닫는 자가 누리게 되는 복은 생명입니다. 영원한 생명입니다. 이 땅에서도 생명을 얻고 누리게 될 것이고, 이 후에도 또 다른 생명, 영생을 누리게 될 것입니다.

예수님은 생명을 얻는 길을 열어 주셨습니다. 예수님은 이 땅을 떠나시면서 우리들에게 귀한 것을 선물해 주셨습니다. 그리고 당부 하셨습니다. 그 선물을 먼저 찾으라는 것입니다.

"하나님은 살아 계시고 나의 곁에서 함께 해 주시는 분입니다."
"영원히 함께해 주시는 분입니다."

예수님은 이 귀한 선물에 대해서 계속 말씀 하고 계십니다.
"이제부터는 너희가 그를 알았고 또 보았느니라."(요 14:7)

예수님의 귀한 희생을 통해서 우리들은 이 선물을 받았습니다. 하나님과 새로운 관계가 시작되었고, 피조물인 인간이 하나님을 알 수 있는 길이 열렸다는 겁니다. 그 길이 열리므로 우리들은 생명을 얻고 누리게 된 것입니다.

"이것이 기적 중 기적이고 인간역사에 가장 위대한 사건이요, 혁명입니다."

그러나 아쉽게도 제자들은 이 말씀을 이해하지 못한 것입니다. 지금도 많은 이들이 이해하지 못하고 있습니다.

-가장 귀한 선물을 주셨습니다-

빌립이 말을 이어갑니다.
"주여 아버지를 우리에게 보여 주옵소서."(요 14:8)

빌립은 예수님께 아주 평범한 말을 합니다. 그러나 예수님은 빌립의 말을 통해서 위대한 진리의 말씀을 하십니다. 이것이 하나님의 역사입니다. 아무것도 아닌 것도 하나님의 손에 들어가면 위대한 역사가 이루어집니다. 내가 어떤 일을 하는 것보다 하나님의 손을 통하게 되면 위대한 역사가 이루어진다는 것입니다.

"빌립아 내가 이렇게 오래 너희와 함께 있으되 네가 나를 알지 못하느냐.

나를 본 자는 아버지를 보았거늘 어찌하여 아버지를 보이라 하느냐."(요 14:9)

"내가 아버지 안에 거하고 아버지께서 내 안에 계심을 믿으라."(요 14:11)

빌립이 만나고자 했던 하나님을 빌립은 가장 가까이에서 보았던 겁니다. 어찌 이런 일이 일어 날 수 있는 것일까요! 그렇게 멀리 느껴졌던 하나님이 가장 가까이 있었다는 것을 빌립은 몰랐던 것입니다. 지금도 마찬가지입니다. 가장 가까이에 있는데 우리들은 멀리서 찾고 있습니다. 바로 앞에 계신 예수님을 깨닫지도 못한 채 멀리서만 찾고 있는 것이 우리의 현실입니다.

하나님은 살아 계십니다. 나의 가장 가까이에 계시고, 볼 수도 들을 수도 있습니다. 왜 하나님이 보이지 않는 것일까요. 왜 하나님이 아닌 것들을 보고는 하나님이라 하는 것일까요. 언제까지 하나님이 아닌 것들로 인해 인생을 허비할 생각인가요.

하나님은 가장 귀한 선물을 주셨고, 우리가 언제든 그 선물을 누리면서 살 수 있도록 해 주셨습니다.

그 선물은 "예수 그리스도"입니다.

그 선물은 "하나님의 말씀"입니다.

그 선물은 기도할 수 있는 놀라운 특권입니다.

"말씀이 육신이 되어 우리 가운데 거하시매 우리가 그의 영광을 보니 아버지의 독생자의 영광이요 은혜와 진리가 충만하더라."(요 1:14)

하나님의 놀라운 계획이었습니다.

이 땅에 예수님을 보내 주시고, 예수님으로 말미암아 성경이 온전히 이루게 해 주신 것입니다. 그렇게 이루어진 성경을, 성령하나님이 우리들 맘에 오셔서 온전히 깨닫게 해 주신 겁니다.

현재 우리가 살아가는 이 땅이 전부가 아닙니다. 우리 눈에 보이는 세계가 전부가 아닙니다. 보이지 않는 세계가 있고, 보이지 않는 존재들이 있습니다. 사람들은 눈에 보이는 것만 믿고 살아갑니다. 보이지 않는 세계는 관심도 없습니다. 관심도 없고 찾으려 하지도 않습니다.

내가 가장 소중히 여기는 것은 무엇인가요?

가장 많은 시간을 투자하는 곳은 어디인가요?

무엇을 위해서 살고 있나요?

무엇을 위해서 살 것인가요?

-기도는 하나님과의 만남입니다-

이 모든 것들의 답은 "하나님의 말씀"이 되어야 합니다. 말씀만이 유일한 답이 되어야 합니다. 다른 것에서 답을 찾으려 해서는 안 됩니다. 하나님이 우리들에게 주신 말씀을 귀하게 여기고, 그 귀한 선물을 감사히 여기는 자에게는 하나님이 놀라운 일들을 이루게 해 주십니다.

"나를 믿는 자는 내가 하는 일을 그도 할 것이요 또한 그보다 큰 일도 하리니."(요 14:12)

예수님이 오셔서 이 땅에서 하신 일보다 더 큰 일을 할 수 있습니다. 내가 잘나서도 아니요. 능력이 있어서도 아닙니다. 하나님이 내 속에서 일하시고, 큰 역사를 이루어 가시기 때문입니다.

인간이 넘을 수 없는 벽이 있습니다. 그것은 죽음의 문제입니다. 영생의 문제입니다. 그러나 예수님을 믿는 우리들은 그 일을 할 수 있습니다. 예수님으로 나의 생명이 다시 살아나고, 다른 이들의 생명까지 살릴 수 있습니다. 죄로 인해서 죽을 수밖에 없는 이들을 살릴 수 있습니다. 복음을 전하는 길이 열린 것입니다. 다른 이들에게도 예수님을 전할 수 있고, 그들이 예수님을 믿음으로 생명과 평안을 얻고 죽음 이후에도 영원한 생명을 얻는 길이 열린 것입니다. 죽음의 권세를 이길 힘을 얻은 것입니다. 이 얼마나 놀랍고 큰 은혜인가요.

더 놀랍고 큰 은혜는 전지전능하신 하나님과 구체적으로 대화할 수 있는 길이 열렸다는 겁니다. 기도에 대한 놀라운 약속입니다. 기도는 하나님과의 만남입니다. 하나님과의 인격적인 교류의 길이 열렸다는 겁니다. 우리들은 하나님과 기도라는 통로를 통해서 새로운 만남을 이어갈 수 있고, 우리가 소원하는 바를 이룰 수 있다는 겁니다. 가장 귀한 일인 생명을 살리는 일을 할 수 있다는 겁니다.

"너희가 내 이름으로 무엇을 구하든지 내가 행하리니."(요 14:13)
"내 이름으로 무엇이든지 내게 구하면 내가 행하리라."(요 14:14)

기도는 하나님과의 만남입니다. 인격적인 만남이 이루어지는 것입니다. 비인격적인 만남이 아니라 인격적인 만남과 대화입니다. 알아듣지 못하는 말을 하는 것도 아니요, 일방적인 대화도 아닙니다. 알아들을 수 있는 말과 함께 인격적인 교류가 이루어지는 것이 기도의 본질입니다.

자녀들이 아버지에게 무엇을 구할 때 어떻게 합니까? 무엇이 필요해서 도움을 구할 때는 이것이 필요하니 도와 주세요라 합니다. 아버지는 그 일이 합당하고 자녀들이 필요하다면 어떻게든 해결을 해줍니다. 어떠한 조건도 없습니다. 모든 것을 희생해서라도 들어 줍니다. 왜냐하면 자녀이기 때문입니다. 그러나 알아듣지 못하는 말로 소리치고 일방적으로 달라 하면 아버지는 어떻게 하겠습니까? 줄 것도 안 줄 것입니다. 아버지를 가장 잘 설득할 수 있는 방법은 인격적인 대화입니다. 아버지를 아버지로 인정하는 것입니다. 아버지에 대한 감사가 큰 힘을 발휘하게 될 것입니다.

하나님도 동일하신 분이십니다. 우리의 기도를 들어주시는 가장 큰 이유는 자녀이기 때문입니다. 어떠한 조건도 없습니다. 자녀됨의 특권입니다.

−잠언은 뛰어난 자기계발서이고, 먹고 사는 문제에 대안을 줍니다−

예수님이 하신 기도에 대한 비유 중에서 가장 마음에 와 닿는 곳입니다. 평범함 속에서 놀라운 진리를 말씀하고 계십니다.

"그러므로 내가 너희에게 이르노니 목숨을 위하여 무엇을 먹을까 무엇을 마실까 몸을 위하여 무엇을 입을까 염려하지 말라 목숨이 음식보다 중하지 아니하며 몸이 의복보다 중하지 아니하냐, 공중의 새를 보라 심지도 않고 거두지도 않고 창고에 모아들이지도 아니하되 너희 하늘 아버지께서 기르시나니 너희는 이것들보다 귀하지 아니하냐."(마 6:25-26)

인간이 살아갈 때 가장 중요한 것은 먹고 사는 문제입니다. 돈을 버는 목적도 먹고 사는 문제를 해결하기 위함입니다. 신앙인들은 먹고 사는 문제에 대해서 쉽게 생각하면 안 됩니다. 먹고 사는 문제가 가장 기본적인 것 같지만, 인생의 모든 것이 될 수가 있습니다. 사람들의 생활을 자세히 살펴보면 거의 다가 먹고 사는 문제가 먼저입니다. 돈이 먼저라는 겁니다. 삶의 기준이 돈이 되었다는 것입니다.

돈을 따라가면 모든 것을 잃어버리게 되나, 성경을 따라 가면 모든 것을 얻습니다.

예수님도 마귀에게 시험을 받으실 때 아주 중요한 말씀을 하셨습니다. "예수께서 대답하여 이르시되 기록되었으되 사람이 떡으로만 살 것이 아니요 하나님의 입으로부터 나오는 모든 말씀으로 살 것이라 하였느니라 하시니."(마 4:4)

사람이 떡으로만 사는 것이 아니라 하나님의 말씀으로 산다는 것입니다. 결코 쉬운 문제가 아닙니다. 현실적으로 먹을 것이 없다면, 그 삶은 너무나 비참해 지는 것입니다. 절박한 문제입니다. 죽고 사는 문제입니다. 한 나라의 경제도 마찬가지입니다. 국민들이 먹고 사는 문제에 대해서 걱정이 없어야 합니다.

먹고 사는 문제를 어떻게 극복하면 좋을까요?
대안은 무엇일까요?

아주 어려운 질문입니다. 그러나 우리들은 이 질문의 답을 반드시 찾아야 합니다. 아주 진지하게 생각해 보면서 답을 찾아야 합니다. 성경에서 이러한 문제에 대한 답을 주는 책이 있습니다. 그 책은 잠언입니다. 저도 잠언을 참으로 좋아하고 성경 중에서 가장 많이 읽은 책입니다. 잠언에서는 삶을 살아가는 지혜를 가르쳐 줍니다. 잠언이 가장 강조하는 것 중 하나는 "부지런함"입니다.

"지혜의 시작과 끝은 부지런함"입니다.

다소 생소하게 들릴 수 있습니다. 그러나 정답입니다. 성경에서 부지런함에 대한 것을 제대로 파악하게 되면 이해가 될 것입니다. 우리가 성경을 볼 때 가장 중요하게 봐야 할 것은 전체를 보는 안목입니다. 전체 속에서 부분을 봐야 합니다.

부지런함은 영적인 부지런함까지 포함됩니다.

성공하는 방법을 다루는 책을 자기계발서라 합니다. 성공한 사람들의 공통적인 특징은 부지런함입니다. 자기계발서의 내용을 분석해 보면 그 핵심은 "시간 관리와 긍정"입니다. 긍정적인 마인드와 함께 시간 관리를 잘 하는 것입니다.

신앙인들도 자기계발서를 읽어야 합니다. 예전에 저는 성경만 읽었습니다. 다른 책들을 무시하고는 성경만 읽으면 모든 것이 다 되는 줄 알고 성경만 열심히 보았습니다. 지금에 와서 생각해 보니 좋은 방법은 아니었던 것 같습니다.

성경을 봐야지라 반문하는 사람들도 있을 것입니다. 맞는 말입니다. 그러한 분들은 신문도 보고 뉴스도 보고 세상 돌아가는 것도 잘 아시는 분입니다. 그렇기 때문에 그러한 말을 할 수 있는 것입니다. 그런데 저는 진짜로 성경만 읽었습니다. 그 내용을 알지 못한 채 열심히 본 것입니다. 그렇게라도 읽은 것이 있어서 어느 순간에 성경이 정리가 되고 깨달아 졌지만 그 과정은 너무나 힘들었습니다. 저의 삶은 어려움만 계속 이어졌던 것입니다. 열심히 성경을 읽고 기도를 많이 해도 왜 그리 삶이 힘들었는지…!

그때에 우연히 책 한 권을 읽게 되었습니다.

이지성 작가 쓴 『리딩으로 리더하라』입니다. 처음 본 순간에 뭐 이런 내용이 있는 가란 생각이 들었습니다. 다소 충격적이었습니다.

과연 저자가 말하는 인문학은 무엇일까? 도대체 어떻게 읽어 나가는 걸까? 작가에게는 죄송한 말이지만 오랫동안 고민을 해도 작가가 말하는 의도는 알겠지만 저만의 답은 찾지 못했습니다. 그 이유는 나름 성경을 많이 읽었고 성경에 대해서 잘 안다는 자만심 때문이었습니다.

그런데 재미있는 사실은 이지성 작가의 다른 책들도 많이 읽어보니 나와 비슷한 방황을 했다는 것이었습니다. 그 중에서 저의 생각을 멈추게 한 글은 자신도 자기계발서 700권 이상 읽었을 때 인생의 변화가 시작되었다는 글이었습니다. 인문학에 대한 책들은 하나도 안 들어오고 이 말만 저의 뇌리 속에 깊이 있게 박힌 것입니다.

도대체 무슨 말일까?
자기계발서가 뭐길래 이런 말을 했을까?

꽤 오랫동안 고민하고서는 결심을 했습니다. 저도 자기계발서를 다양하게 읽어야 겠다는 결심이었습니다. 자기계발서들을 편하게 읽기 시작했습니다. 자기계발서는 읽기도 편했고 재미도 있었고 읽을 때마다 나도 할 수 있다! 란 긍정적인 생각들이 저를 사로잡았습니다. 그런데 읽을 때는 좋았는데 시간이 지나고 나니 다시 제자리로 돌아 간 것이었습니다. 그때마다 다시 읽고 좋은 내용들은 보고 또 보고 나의 것으로 만들기 위해 많은 노력을 했습니다. 어느 정도 양이 차니 제가 변화되는 것을 느꼈습니다.

나의 어리석음을 보았습니다.
내가 미련하게 살았다는 것을 깨달았습니다.
이것도 직접 체험해 봐야지 알 수 있는 세계입니다.

더 놀라운 사실은 성경을 잠시 내려놓고 자기계발서만 읽었는데 성경이 저의 마음에서 정리가 되고 있었습니다. 신기한 경험이었습니다. 성경을 읽지 않아서 어쩌나 하는 염려도 많았는데 오히려 반대의 경험을 한 것입니다. 제가 이럴 수 있었던 이유는 그 전에 성경을 열심히 읽고 공부를 했기 때문입니다. 이때 가장 큰 변화는 "상식"의 중요성을 깨달았다는 것입니다. 잘못된 신앙생활을 하는 사람들의 공통적인 특징이 있습니다.

기본과 상식을 무시한다는 것입니다.
말도 안 되는 행동을 반복적으로 한다는 것입니다.

자기계발서에서 또 다르게 배운 것은 "경제에 대한 감각"이었습니다. 부자들은 어떻게 부자가 되었고 그들은 어떻게 자산을 관리하고 자기 관리를 하는가에 대한 배움이었습니다.

이 모든 것의 공통점은 "잠언에서 말한 부지런함"입니다.

잠언이 가장 훌륭한 자기계발서라는 것입니다. 잠언보다 더 나은 자기계발서는 없다는 말입니다. 잠언 안에 이 모든 것들이 다 들어 있다는 것입니다. 참으로 놀라운 사실이었습니다. 지금까지 이러한 것들이 보이지 않았던 이유는 성경만 보았기 때문입니다. 다양한 책들을 보면서 제가 더욱 느껴지는 것은 "성경의 위대함"입니다. 세상의 어떠한 책보다 성경이 더 나은 가치가 있다는 겁니다. 잠언은 뛰어난 자기계발서이고, 먹고 사는 문제에 대해서 실질적인 대안을 줍니다.

예수님은 공중의 새를 이야기 하고 들의 백합화를 이야기 합니다.

"또 너희가 어찌 의복을 위하여 염려하느냐 들의 백합화가 어떻게 자라는가 생각하여 보라 수고도 아니하고 길쌈도 아니하느니라, 그러나 내가 너희에게 말하노니 솔로몬의 모든 영광으로도 입은 것이 이 꽃 하나만 같지 못하였느니라, 오늘 있다가 내일 아궁이에 던져지는 들풀

도 하나님이 이렇게 입히시거든 하물며 너희일까보냐 믿음이 작은 자들아."(마 6:28-30)

-기도! 놀라운 특권-

예수님의 결론은 하나님께서는 이 모든 것들이 우리들에게 있어야 한다는 것을 아신다는 것입니다.

아신다는 것은 반드시 들어 주신다는 것입니다.

기도! 놀라운 특권입니다.

먼저 그의 나라를 구하면 다른 것은 보너스로 준다는 것입니다.

"하늘 아버지께서 이 모든 것이 너희에게 있어야 할 줄을 아시느니라, 그런즉 너희는 먼저 그의 나라와 그의 의를 구하라 그리하면 이 모든 것을 너희에게 더하시리라."(마 6:32-33)

기도의 놀라운 특권에 대해서 말씀하셨습니다. 아버지께 무엇을 구하면 들어 주신다는 겁니다. 이왕 구하려면 가장 좋은 것으로 구하라는 겁니다. 가장 좋은 것을 구하면 나머지는 다 알아서 해결해 주시겠다는 약속입니다. 자녀됨의 특권입니다.

기도! 놀라운 특권입니다.

2. 가장 귀한 일은

1) 우선순위는

(요 14:15)

–먼저 성경의 가치를 인정해야 합니다–

성경의 가치는?

성경에 대해서 다양한 질문을 해봐야 합니다. 다양한 질문과 함께 답을 찾아가도록 힘써야 합니다. 성경을 얼마나 많이 읽었느냐, 성경에 대한 공부를 얼마나 많이 했느냐, 이것보다 더 중요한 것은 현재 내가 읽고 있는 성경이 어떤 책인가, 그 가치는 어디까지 인가라는 질문과 답을 찾는 것이 더 중요합니다.

어떤 책이든 가치를 알고 읽을 때, 가치를 모르고 읽을 때 차이는 많습니다. 가치를 알고 읽게 되면, 더 많은 것들을 얻게 됩니다. 성경 또한 마찬가지입니다. 성경을 읽고 공부하는 것보다 성경의 가치를 알고 인정하는 것이 먼저입니다.

요한복음 14장에서 16장까지는 기도에 대한 약속과 내용들이 나옵니다. 그 기도의 내용은 진리를 위한 기도입니다. 이것이 기도의 핵심입니다.

예수님이 십자가를 지신 가장 중요한 이유는 "진리를 이루기 위함"입니다. 하나님의 말씀을 온전히 이루기 위함입니다. 이 땅에 말씀을 남겨 주셨고, 성령님은 남겨 주신 말씀을 온전히 이루어 가시는 겁니다. 성령님은 진리의 영으로 오셔서 말씀을 깨닫게 해 주십니다. 말씀을 깨닫게 됨으로 얻는 복은 예수님을 만나게 되는 것이고, 예수님으로 말미암아 하나님께 갈 수 있는 길이 열린 것입니다. 살아계신 하나님을 만나는 길이 열린 것입니다.

"너희가 나를 사랑하면 나의 계명을 지키리라."(요 14:15)

예수님을 사랑하는 것은 계명을 지키는 것입니다. 여기에서 말하는 계명은 구약성경을 말하는 것이고, 구체적으로는 모세오경을 말하는 것입니다. 특히 신명기에서 많이 강조 합니다.

"이스라엘아 듣고 삼가 그것을 행하라. 그리하면 네가 복을 받고 네 조상들의 하나님 여호와께서 네게 허락하심 같이 젖과 꿀이 흐르는 땅에서 네가 크게 번성하리라."(신 6:3)

말씀을 듣고 행하면 복을 받습니다. 듣지 않고 행하지 않으면 복이 아니라 저주를 받습니다. 계명을 지킨다는 것의 핵심은 이것입니다. 먼저는 말씀을 듣는 것입니다. 듣고 그 말씀대로 사는 것입니다.

과연 나는 얼마나 말씀을 제대로 듣고 있나요.

교회는 말씀을 얼마나 제대로 전하고 있을까요.

교회를 얼마나 오래 다녔는가, 헌금을 얼마나 했는가, 전도를 얼마나 했는가, 봉사를 얼마나 했는가, 직분이 무엇인가 보다도 더 우선시 되어야 할 것은 이것입니다.

말씀을 제대로 듣고 있는가!

종교개혁의 핵심은 본질로 돌아가자, 말씀으로 돌아가자 입니다. 말씀으로 돌아간다는 것은 결코 쉬운 일이 아닙니다.

-하나님의 마음을 읽어야 합니다-

성경을 볼 때 가장 우선시 되어야 할 것은 "전체의 흐름을 알고 부분을 이해하는 것"입니다. 즉 큰 그림을 보는 것입니다.

성경 전체에서 말하고자 하는 바가 무엇인가?

하나님의 뜻은 무엇인가?

이러한 질문을 끊임없이 해야 되고 그 답을 찾고자 부단히 노력을 해야 합니다. 여기에 도움이 되는 책 한 권을 소개해 드리겠습니다.

성경통독의 원조이시고, 바른 성경해석을 위해서 일평생 헌신하신 분이십니다. 에스라 하우스의 원장이시고 지금은 샤론 장로교회에서 목회를 하고 계십니다. 새로운 설교의 패턴과 대안을 내신 분이십니다. 설교에 대한 새로운 대안인 대하설교를 만드신 분입니다. 성경 전체를 바로 이해하고 해석함으로 하나님의 뜻을 바로 이루어가고자 함이 노우호 목사님이 강조한 내용입니다. 노우호 목사님의 책인 『읽는 것을 깨닫느뇨?』에서 나온 내용입니다.

"사람의 말이라도 처음부터 끝까지 들어보지 않고서는 잘 알 수 없는 것같이 하나님의 말씀인 성경도 처음부터 끝까지 읽어보아야 하나님의 뜻을 알 수 있다. 성경의 처음만 보거나, 중간 중간 여기저기를 보거나, 요절만 보거나 끝만 보아서는 하나님의 깊고 넓으시며 크고 높으시며 기뻐하시고 온전하신 뜻을 헤아릴 수 없다."

노우호-『읽는 것을 깨닫느뇨?』-에스라하우스

성경은 처음부터 끝까지 전체를 보는 것이 중요합니다. 하나님의 뜻을 온전히 이해하기 위해서는 하나님의 말씀을 처음부터 끝까지 들어봐야 합니다. 나의 생각, 나의 뜻이 아니라 하나님이 말씀하시는 것이 무엇인가를 바로 이해하고 깨닫는 것이 중요합니다.

현 세대는 너무나 많은 설교와 책들이 넘쳐납니다. 많은 지식 속에서 사람들은 방향감을 잃어가고 있습니다. 이유인즉 사람의 말이 너무나 많다는 겁니다. 성경이 전해지는 곳에서도 성경이 전해지지 않고 내가 필요한 말을 하기 위한 하나의 도구로 전락해 버렸습니다. 성경보다 사람의 말이, 나의 생각과 나의 계획이 먼저가 되었습니다.

성경으로 돌아가야 합니다. 성경 안으로 들어가야 합니다. 성경을 읽어야 합니다. 성경 속에서 하나님의 마음을 읽어야 합니다.

"우리가 성경을 읽을 때 처음엔 글자를, 다음은 단어를, 그 다음은 장절, 문단, 책, 권, 전서를 읽는다. 그러나 결국은 하나님의 마음을 읽어야만 성경을 읽었다 할 수 있다

성경을 알기를 원한다면 성경 본문을 직접 읽어보아야 한다. 많은 사람들이 성경을 알고자 하면서도 성경을 읽으려 하지 않고 '성경에 관하

여 기록한 책들'을 읽는다. 성경을 통하여 하나님의 뜻을 알기 위해서는 성경본문을 처음부터 끝까지 여러 번 반복하여 통독해보아야 한다. 경전이란 읽고 또 읽어야만 경전이라 할 수 있다. 에스라 성경강좌에서는 성경에 관하여 살펴보는 것이 아니라 성경 안으로 인도하여 안내한다."

    노우호-『읽는 것을 깨닫느뇨?』-에스라하우스

  성경을 읽을 때 전체를 이해하고, 부분을 해석하는 것이 중요합니다. 큰 그림을 그리면서 큰 맥을 형성하면서 성경을 보는 훈련을 많이 해야 합니다. 이러한 훈련의 결과가 "하나님의 뜻을, 하나님의 마음을" 알기 위해서입니다.

  아무리 성경을 많이 읽어도 하나님의 뜻을, 하나님의 마음을, 알지 못한다면 아무런 의미도 능력도 나타나지 않습니다. 왜 교회가 약해지고 세속화되고 하나님보다 사람의 권세가 강해지는 걸까요? 그 이유는 하나님의 말씀이 약해져서 입니다. 하나님의 뜻이 제대로 전해지지 않으니 사람의 말과 생각이 앞서게 되고 교회가 교회다워지지 않고 약해지다가 결국은 사라지는 것입니다. 지금 한국교회도 이러한 과정에 서 있습니다. 더 이상 유럽교회처럼 진행되어서는 안 됩니다.

  하나님의 말씀이 올바로 전해져야 되고, 하나님의 뜻이 온전히 이루어지도록 만드는 것이 우리들의 일이요, 사명입니다. 이러한 뜻을 가진 사람들이 많이 나와야 합니다. 이 사람들로 인해서 한국교회가 살아날 것이고, 우리나라도 다시 일어나 강한 국가가 될 것입니다.

-모든 것의 기초는 말씀입니다-

교회의 근본과 뿌리는 성경입니다.

예수님도 베드로에게 이러한 말씀을 하셨습니다. 마태복음 16장에 예수님과 베드로의 대화 장면이 나옵니다. 복음서에 보면 예수님은 제자들과 다양한 대화를 하셨습니다. 대화의 내용들을 보면 놀라운 면들이 나옵니다. 예수님은 진리를 전하시는 방법이 대화를 통해서 위대한 진리로 이끌어 냅니다. 복음서를 자세히 보시면 이러한 장면이 많이 나옵니다.

"너희는 나를 누구라 하느냐."(마 16:15)

"시몬 베드로가 대답하여 이르되 주는 그리스도시요 살아 계신 하나님의 아들이시이니다."(마 16:16)

예수님이 누구신가? 라는 질문에 모범답안입니다. 이보다 더 좋은 답이 있을까요. 이 놀라운 말이 베드로의 입에서 나왔다는 겁니다. 지금 베드로는 아직 미성숙한 베드로입니다. 많이 부족한 사람입니다. 그러한 사람이 이러한 신앙고백을 한 것입니다. 이 신앙고백을 이끌어 낸 것이 예수님의 대화법입니다. 예수님은 대화를 통해 마음 깊은 곳의 진리를 이끌어 내셨습니다.

베드로는 이 고백을 한 다음에 예수님을 부인하고 도망을 갔습니다. 베드로가 부활하신 예수님을 만나고 난 후, 완전히 다른 인생으로 바뀌게 됩니다. 부인하고 도망갔던 베드로가 순교의 자리까지 가는 모습으로 바뀐 것입니다. 처음부터 완전한 사람은 없습니다. 현재 나의 모습과는 상관없이 하나님은 완전한 신앙의 모습으로 만들어 가십니다. 베드로도 아무것도 아닐 때 하나님의 능력으로 신앙고백을 했습니다. 그 신앙고백을 이루게 하신 분은 하나님이십니다. 그렇기에 우리들도 선포하는 것이 필요합니다. 나 같은 사람은 안 된다고 생각할 필요가 없습니다. 베드로처럼 고백하는 것입니다. 선포하는 것입니다.

"주는 그리스도시요 살아계신 하나님의 아들이시니이다."

이 신앙고백이 나의 신앙고백이 될 수 있도록 끊임없이 되새기고 묵상을 해야 합니다. 선포하고 다시 선포하다보면 어느 순간 나의 고백이 됩니다. 그때까지 인내와 반복이 필요합니다.

우리가 성경을 봐야 하는 이유가 여기에 있습니다. 성경을 보고 그 성경속의 인물들이 고백한 고백을 나도 고백하고 선포하다 보면 어느새 나도 바뀌게 됩니다.

예수님은 베드로의 신앙고백 위에 참으로 놀라운 말씀을 하십니다.

"너는 베드로라 내가 이 반석 위에 내 교회를 세우리니 음부의 권세가 이기지 못하리라."(마 16:18)

베드로의 신앙고백 위에 교회를 세운다는 것입니다.

베드로의 신앙고백 위에 교회를 세울 것이라고 예수님은 말씀하셨습니다. 그 신앙고백의 핵심은 하나님의 말씀으로 교회를 세운다는 것입니다. 교회의 기초는 말씀입니다. 교회의 뿌리는 말씀입니다. 교회의 뼈대도 말씀입니다. 말씀으로 온전케 되는 것이 교회입니다.

우리가 하나님의 나라에 들어 갈 수 있는 것도 말씀에 의해서입니다. 이 세상의 역사도 말씀에 의해서 시작 되었고, 마지막도 말씀으로 끝을 맺습니다.

지금도 말씀은 살아서 역사하고 있습니다. 인간들이 과학이라는 바벨탑을 아무리 쌓아도 결국은 말씀에 의해서 모든 것들이 정리가 될 것입니다. 인생의 시작과 끝이 말씀에 의해서 정리가 될 것이고, 인간의 모든 역사도 말씀에 의해서 움직여 나갈 것입니다.

말씀으로 돌아가야 합니다!

2) 새로운 만남
(요 14:16)

−진리는 쉽게 얻어지는 것이 아닙니다−

세월이 흘러가도 변함없는 사실이 있습니다.

아무리 세상이 바뀌고 과학이 발전해도 변함없는 사실은 부모가 자식을 사랑하는 것입니다. 자신의 모든 것을 주어도 아깝지 않고, 자신은 가난하게 살아도 자식들은 좋은 것을 주고픈 마음이 부모의 마음입니다. 그런데 아쉽게도 자식을 사랑하지만 끝까지 보살펴 주지는 못합니다.

예수님은 죽음을 앞 둔 상황입니다. 이제는 제자들을 떠나야 합니다. 제자들이 이해하지 못하는 말씀을 하십니다.

"내가 너희를 고아와 같이 버려두지 아니하고 너희에게로 오리라."
  (요 14:18)

고아와 같이 버려두지 않겠다는 것입니다. 끝까지 책임져 주시겠다는 것입니다. 어떻게 예수님이 우리들을 책임져 주시는 걸까요!

예수님은 다시 오시겠다는 약속을 하셨습니다. 과연 어떤 모습으로 오시는 걸까요!

예수님의 말씀은 과거에 기록되었지만 현재형입니다. 현재에도 예수님이 하신 말씀이 능력으로 역사하고 있습니다. 말씀이 역사하는 중간 통로가 기도입니다. 하나님의 뜻을 이루어가는 기도입니다. 이 땅에서 가장 소중한 사람은 기도하는 사람입니다.

"말씀의 능력으로, 하나님의 뜻을 이루어가도록 기도하는 사람입니다."

진리에 이르는 길은 2가지가 있습니다.

첫 번째는 많은 고생과 노력을 통해서 진리에 이르는 길입니다.

내가 무엇을 알고자 오랜 시간 노력하고 연구함으로 깨달아지는 것입니다. 새로운 무엇인가를 만들어 내거나 어떠한 것을 찾아내거나 기존에 있던 것들을 새롭게 정립해 내는 것입니다. 자기 자신과의 싸움에서 이긴 결과입니다. 위대한 일을 하거나 성공한 이들의 공통적인 삶입니다.

두 번째는 주어진 진리를 깨닫는 것입니다.

내가 만들어 낸 것이 아니라 이미 만들어진 성인들의 말이나 학문을 깨우쳐 가는 것입니다. 처음과 비슷한 것 같으나 방향이 완전히 다릅니다. 스스로가 깨우쳐 가는 과정입니다.

요한은 아주 오랜 시간 예수님이 하신 말씀을 생각하고 고민 했습니다. 과연 예수님이 하신 말씀의 뜻이 무엇일까? 연구에 연구를 했고, 다른 제자들의 말에도 귀를 기울였습니다. 바울의 말과 글을 보았을 것이고, 성경도 오래도록 연구하고 묵상을 했을 것입니다. 이러한 과정 속에서 진리가 빛을 발하기 시작했습니다. 아주 깊은 깨달음에 이르게 된 것입니다.

"그렇게 해서 나온 책이 요한복음입니다."

요한이 쉽게 깨달아진 말씀이 아닙니다. 하나님이 요한에게 쉬운 방법으로 알려준 것도 아닙니다. 예수님의 말씀을 깨닫고는 자신의 것으로 소화해서 새로운 방법으로 기록된 것입니다. 우리도 성경을 보는 자세가 바뀌어야 합니다. 성경은 쉽게 깨달아지는 것이 아닙니다. 성경 몇 구절 암송했다고, 책 몇 권 보았다고 알아지는 것이 아닙니다. 자기 자신과의 처절한 싸움이 있어야 하고, 보이지 않는 자신과의 투쟁이 있어야 합니다.

성경에 나타나는 이상과 비전 그리고 꿈과 환상들은 쉽게 깨달아지는 것이 아닙니다. 아무 노력도 없이 깨달아 진 진리들은 하나님의 섭리가 아니라 악한 영들의 장난입니다. 그렇기에 분별하는 자세가 필요한 것입니다. 유명한 사람의 말이라도 분별없이 받아들여서는 안 됩니다. 성경이 기준이 되어서 분별하는 힘을 키워야 합니다. 정치, 경제, 역사, 모든 분야에서 성경이 기준이 되어야 합니다.

−성경으로 돌아가기 위해서 결단이 필요합니다−

하나님께서 이 땅에 성경을 남겨 주셨고, 그 기준에 의해서 교회가 세워졌습니다. 우리들의 삶도 성경이 기준이 되어야 합니다. 그렇기 때문에 성경을 알고자 노력을 해야 되고, 성경이 깨달아 지도록 많은 기도를 해야 합니다. 이러한 희생과 노력에 의해서 진리의 말씀이 깨달아지는 것이지, 아무 노력 없이 무엇인가를 얻고자 하는 사람들의 공통적인 특징은, 신비주의로 가거나 스스로가 대단한 사람인냥 착각하고 교만하게됩니다. 지도자나 리더로 서 있는 사람들은 특히나 경계를 해야 합니다. 현 한국교회 지도자들은 너무나 바쁩니다. 비본질적인 것에 너무나 바쁩니다. 성경을 볼 시간이 없을 정도로 많이 바쁩니다. 교인들 또한 마찬가지입니다.

"결단을 해야 합니다. 성경으로 돌아가야 합니다."

예수님은 제자들에게 약속해 주셨습니다. 고아와 같이 버려두지 않고 다시 오신다는 겁니다. 그리고는 놀라운 말씀을 하십니다.

"그 날에는 내가 아버지 안에, 너희가 내 안에, 내가 너희 안에 있는 것을 너희가 알리라."(요 14:20)

하나님과 함께 사는 삶이 가능해 졌다는 것입니다. 어떻게 이러한 일이 가능해진 걸까요?
하나님이 우리와 함께 하신다는 것이 어떤 것일까요!

요한이 강조한 것 말하고자 한 것은 구체적이고 사실적인 체험입니다. 예수님이 우연히 이 땅에 오신 것이 아니라는 것입니다. 구약 성경에 약속된 대로 오셨고, 그 약속된 대로 사역을 하셨고, 약속된 대로 죽으시고 부활 하셨다는 겁니다.
예수님은 새로운 약속을 해 주셨습니다. 요한복음 14장 16절에 있는 말씀처럼, 아버지께 구해서 새로운 분이 오신다는 겁니다. 그 분이 우리와 영원토록 함께 해 주실 것이고, 예수님이 못 다 한 일들을 온전히 이루어 주신다는 겁니다.

"그 분은 보혜사 성령하나님이십니다."

인간의 이성으로는 알기 어려운 말씀입니다. 우리들이 노력을 해서 알 수 있는 것이 아니라, 성령하나님이 오셔서 깨닫게 해 줄 때, 믿음의 눈으로 깨닫게 되는 것입니다.

예수님이 십자가에 죽으시기 전에 제자들은 도망을 갔습니다. 베드로는 정말 비겁한 모습까지 보였습니다. 이러한 모습에 예수님은 말씀하십니다.

"사도와 함께 모이사 그들에게 분부하여 이르시되 예루살렘을 떠나지 말고 내게서 들은 바 아버지께서 약속하신 것을 기다리라."(행 1:4)

요한은 이러한 사실에 대해서 직접 목격을 했고, 예수님이 하신 말씀이 진실임을 보았습니다. 어떻게 이 사실을 사람들에게 효과적으로 전달할까, 오랜 연구와 고민의 결과물이 요한복음입니다. 요한복음만이 아닙니다. 모든 성경들이 그냥 기록된 것이 아닙니다. 피와 땀으로 기록되었고 성경이 지켜지기 위해서 수많은 사람들이 순교를 당했습니다. 세상에서 가장 귀한 책이 성경입니다.

－성경을 통해서 하나님과 새로운 만남이 이루어졌습니다－

예수님은 육신을 입으신 분입니다. 사역에 한계가 있습니다. 예수님은 택한 모든 사람들의 죄를 지시고 죽으심으로 하나님의 공의와 사랑을 이루셨습니다. 하나님 공의가 이루어졌기 때문에, 하나님의 사역이 새롭게 시작된 것입니다. 사람의 노력과 헌신이 아니라 온전히 하나님의 희생과 사랑입니다.

이 땅에서 가장 소중한 것은 태양과 공기와 물입니다. 이것은 우리가 대가를 지불하고 사용하는 것이 아니라 그저 사용하는 것입니다. 하나님의 용서하심과 사랑도 똑같습니다. 이것을 깨닫게 해 주신 분은 성령님 이십니다. 예수님을 통해서 이루어진 사역을 깨닫게 해 주시고, 예수님으로 인해서 하나님과 새로운 관계가 형성된 것입니다.

"또 다른 보혜사를 너희에게 주사 영원토록 너희와 함께 있게 하리니."(요 14:16)

예수님은 새로운 약속을 해 주셨습니다. 성경은 하나님과 우리와의 약속입니다. 예수님도 약속하신대로 오셨고 부활하셨습니다. 다시 약속하신 대로 이 땅에 심판주로 오실 것입니다. 예수님은 또 다른 보혜사 하나님이 오실 것인데. 제자들에게 기뻐하라는 겁니다. 그 분은 우리들과 영원히 함께 하시는 분이시기 때문입니다.

새로운 약속이고, 놀라운 약속입니다. 기적이고, 신비입니다.

어떻게 이런 일이 가능할까요?

성경 전체를 보는 눈이 필요하고, 항상 큰 그림을 놓치지 않도록 힘써야 합니다. 이 약속은 창세기에 나오는 하나님 형상의 회복입니다. 하나님과 영원토록 하나가 되는 신비하고 놀라운 일입니다.

"하나님이 이르시되 우리의 형상을 따라 우리의 모양대로 우리가 사람을 만들고."(창 1:26)

"하나님이 자기 형상 곧 하나님의 형상대로 사람을 창조하시되." (창 1:27)

하나님의 사랑입니다. 피조물이 창조주의 형상을 따라 지음 바 된 것은 하나님의 전적인 사랑입니다. 자유의지를 가진 인간들이 이것을 다 무너뜨렸지만 하나님은 다시 회복시키셨습니다. 이 모든 것을 이해할 수 있는 믿음의 눈이 필요합니다. 믿음의 눈을 가져야 합니다.

"믿음은 바라는 것들의 실상이요 보이지 않는 것들의 증거니."(히 11:1)

믿음은 보이지는 않지만 증거가 있습니다. 믿음의 눈으로 볼 때 그 약속이 온전히 보이게 되고 그 약속을 붙잡고 갈 수 있습니다. 우리들에게 중요한 것은 믿음의 눈과 약속입니다. 그 믿음이 어디에서 생기는 걸까요?

"믿음은 들음에서 나며 들음은 그리스도의 말씀으로 말미암았느니라."(롬 10:17)

믿음은 들음에서 나는 것입니다. 들음은 하나님의 말씀으로 말미암습니다. 성경에서 믿음의 눈이 생기고, 하나님의 약속이 보이는 것입니다. 성경을 통해서 하나님의 사랑을 깨닫게 되는 것입니다. 성경을 통해서 하나님과 새로운 만남이 이루어지고, 영원토록 그 관계가 이어지는 것입니다. 이 귀한 만남과 약속을 붙잡고 승리하는 우리들이 되기를 기도드립니다.

3) 가장 귀한 일은

(요 14:17-20)

-하나님은 책이라는 도구를 사용하셨습니다-

인생을 살아갈 때 모든 일에 대해서 질문을 해 보는 것이 좋은 자세입니다.

신앙생활에서는 더욱 그렇습니다.

교회는 왜 다니는 걸까?

성경은 왜 읽어야 될까?

기도는 왜 해야 하는가, 어떻게 하는 것이 맞는가?

교회에서 내가 해야 될 가장 중요한 일은 무엇일까?

일평생 보람된 인생을 살기 위해서 무엇을 해야 할까?

생각 없이 사는 것보다는 스스로에게 많은 질문을 해 보는 것이 좋습니다. 질문을 통해서 다양한 생각을 할 수 있고, 더 나은 방향으로 일을 해결할 수 있기 때문입니다. 질문을 통해서 본질을 생각할 수 있고 본질로 가게 되는 좋은 방법입니다. 성경은 더욱 그렇습니다. 성경을 깨닫는다 함은, 그 사람의 질문만큼 깨닫게 되는 것입니다. 그렇기에 질문을 하는 방법이 중요한 것입니다.

하나님을 사람들에게 알리는 가장 좋은 방법은 무엇일까요?
어떻게 하는 것이 가장 효과적인 방법일까요?

저는 이러한 질문을 오랫동안 했었고 그 답을 찾기 위해서 많은 고민을 했습니다. 성경을 왜 읽어야 되고, 성경을 왜 바르게 알아야 될까, 성경이 중요한 이유는 무엇일까, 이러한 질문도 상당히 오랫동안 했습니다.

사람들에게 가장 유익된 것을 뽑는다면 '책'입니다. 현재 문화를 만든 가장 큰 원동력은 지식입니다. 그 지식의 기초는 언어입니다. 기록들이라 할 수 있습니다. 기록에 의해서 지식이 쌓이고 그렇게 쌓인 지식이 현재의 문명을 만든 것입니다.

현 시대를 정보화시대라 합니다. 누구나 쉽게 정보를 접할 수 있고 찾아낼 수도 있습니다. 검색어만 입력하면 쉽게 정보를 찾을 수 있고 공유도 가능합니다. 그러나 문제는 그 정보가 부분적이고 치우치는 경향이 많습니다. 올바른 정보라 할 수도 없고 살아 있는 정보라 하기도 힘듭니다. 살아있고 유익된 정보는 어떻게 얻을 수 있을까요?

가장 좋은 방법은 책을 통한 방법입니다. 무엇을 알고 싶을 때 그 분야에서 10권의 책만 읽어도 많은 유익을 얻습니다. 그 분야를 바르게 볼 수 있는 눈이 생깁니다. 100권을 읽게 되면 전문가가 될 수 있습니다. 가장 짧은 시간에 효과적인 방법이 책을 통한 방법입니다.

과학기술이 발전해도 변함없는 사실은 종이에 기록된 책이 가장 효과적인 방법이라는 겁니다. 종이가 아닌 다른 것으로 가능할 수 있으나, 공부를 하다보면 결국은 종이로 기록된 책을 더 선호하게 됩니다. 많은 지식인들의 공통점도 종이로 기록된 책을 통해서 독서가 이루어지며 이것이 가장 좋은 방법이라고 합니다.

과학적으로도 증명되었습니다. 스마트 기기가 우리 뇌에 안 좋은 영향을 미친다는 것이 증명되었습니다. 사람의 뇌는 종이에 기록된 책이 가장 이상적이고 효율적인 방법입니다. 책을 읽는 다는 것, 독서를 하는 것이 사람들에게 가장 유익된 삶이라는 겁니다. 자기계발서들이 공통적으로 주장하는 것도 독서입니다. 많은 독서를 통해서 변화되고 그 힘으로 성공하게 되었다는 주장입니다.

하나님도 사람들에게 그 뜻을 전하는 방법을 책이라는 도구를 통해서 하셨습니다. 성경을 통해 하나님의 역사를 이루어가셨고, 앞으로도 이루어 가실 겁니다.

요한복음 14장 17절에 "그는 진리의 영"이라 했습니다.
26절에 "보혜사 곧 아버지께서 내 이름으로 보내실 성령 그가 너희에게 모든 것을 가르치고 내가 너희에게 말한 모든 것을 생각나게 하리라" 했습니다.

−하나님은 이 땅에 성경을 남겨 주셨습니다−

예수님의 사역의 완성은 이 땅에 성경을 남기는 것과, 성령님이 오셔서 성경이 온전히 이루어지게 하는 것이었습니다. 성경이 이루어진 역사를 통해서 이 사실을 보고자 합니다.
창세기 12장에 하나님은 아브라함을 부르십니다. 아브라함이 이삭을, 이삭이 야곱을, 야곱이 유다와 요셉을 통해서 이스라엘 민족이 형성됩니다.
사사시대를 거치면서 왕국시대로 이어 갑니다. 하나님이 선택해 주신 민족인데, 잘 되고 권세 있고 유명해 지는 것이 아니라 멸망으로 갑니다. 이스라엘 왕조는 멸망하게 됩니다. 다시 나라를 찾았지만 그들은 죄 없으신 예수님을 죽이고 나서는 다시 멸망하게 됩니다. 이것이 이스라엘의 역사입니다.

무너진 것 같은 이스라엘 역사 속에서 하나님의 계획이 이루어졌습니다. 이스라엘 민족을 통해서 성경이 기록되게 하셨고, 성경이 보존되게 하셨던 겁니다. 유대민족의 가장 큰 공헌은 성경을 기록했고 성경을 이 땅에 남긴 것입니다.

신약성경은 예수님의 제자가 아닌 바울을 통해서 성경의 많은 부분이 기록되었습니다. 바울을 통해서 누가가 변화되었고, 누가도 성경을 기록했습니다. 바울과 누가가 기록한 성경은 신약성경 전체의 반을 넘는 양입니다. 참으로 엄청난 양입니다.

마지막으로 이 성경을 마무리한 이가 요한입니다. 요한은 대표적으로 요한복음, 요한계시록을 남김으로 기독교 역사의 한 획을 그은 것입니다. 그중에서 요한복음의 가치란 참으로 무궁무진합니다. 그 가치를 어떻게 매길 수 있을까요.

이 모든 일들을 계획하시고 이루어지게 하신 이는 하나님이십니다. 성경을 통해서 예수님을 만나게 되고, 예수님으로 말미암아서 하나님께 가는 길이 열린 것입니다.

"예수께서 이르시되 내가 곧 길이요 진리요 생명이니 나로 말미암지 않고는 아버지께로 올 자가 없느니라."(요 14:6)

진리의 성령님이 이 모든 일들이 이루어지도록 하셨습니다.

"진리의 성령이 오시면 그가 너희를 모든 진리 가운데로 인도하시리니 그가 스스로 말하지 않고 오직 들은 것을 말하며 장래 일을 너희에게 알리시리라."(요 16:13)

진리의 성령으로 성경이 깨달아지고, 하나님을 만나는 귀한 역사가 이루어진 것입니다.

단순히 예수 믿고 천국간다란 의미로만 생각해서는 안 됩니다. 성령 하나님은 나의 삶의 한 가운데 오셔서 나의 삶을 주관해 주시고 책임져 주십니다. 가장 가까이에서 도와주신다는 겁니다. 영원히 함께해 주십니다.

제가 신구약 말씀 중에서 가장 좋아하는 말씀은 요한복음 14장 6절입니다. 예수님이 길이 되시고, 진리가 되시고, 생명이 되신다는 말씀입니다. 이 말씀을 붙잡고 기도도 많이 했습니다. 젊었을 때 인생의 길이 막막했을 때 이 말씀을 붙들고 기도 했습니다.

길이 되신 예수님 인도하여 주옵소서. 저의 인생을 인도하여 주옵소서. 진리가 되신 예수님, 저를 진리 가운데로 인도하여 주옵소서!

생명 되신 예수님, 저에게 생명을 주옵소서. 이 땅에서도 생명을 얻게 해 주시고, 하나님의 나라에서도 생명을 얻게 해 주옵소서!

처음에는 짧게 기도하면서 묵상을 했지만 어느 정도 시간이 지나니 이 말씀만 붙들고 하는 기도의 시간이 1시간 이상 하게 되었습니다. 이때 배운 것이 말씀을 통해서 기도하는 법이었습니다. 지금은 말씀을 묵상하면서 자연스럽게 기도로 이어갑니다. 이렇게 하는 기도가 쉽지는 않습니다. 하지만 훈련이 되고 나면 기도가 말씀이 되고, 말씀이 기도가 되는 신기한 경험을 하게 됩니다. 하나님과의 만남이 말씀을 통해서 기도로 이어진다는 것입니다. 시간이 갈수록 더욱 깊이 느껴지는 것은, 더 깊은 기도를 위해서는 더 많은 말씀의 능력이 필요하다는 것입니다. 기도의 세계는 참으로 넓고 깊습니다. 이 놀라운 특권인 기도를 더 알기 위해서는 성경을 바로 알고 깨닫는 것이 중요하다는 것입니다.

-미래를 생각하면 답답한 마음뿐입니다-

인생을 살다보면 실망하고 낙담할 때가 많습니다. 사람을 보면서도 이 나라를 보면서도, 정치인들의 모습을 보면서도 실망 할 때가 많고,

한국교회를 보면서도 마찬가지입니다.

우리나라의 미래를, 한국교회의 미래를 생각해 봅니다.

앞으로 어떻게 될 것인가를 생각하니 답답한 마음뿐이었습니다. 앞으로의 미래는 "인공지능"에 의해서 큰 변화가 있을 것입니다. 인공지능에 대해서 많은 생각과 공부를 했습니다. 오랫동안 생각과 사색에 빠졌습니다. 얼마나 힘든지….

과연 앞으로의 미래는?

우리나라는 어떻게 될까?

교회는 어떻게 될까?

이제는 교회가 더 힘들어 지고 안 되는 방향으로 갈 것인데? 라는 마음이 오랫동안 힘들게 했습니다. 그때 제 마음속에서 하나님의 따뜻한 음성과 함께 깨달음이 들렸습니다.

길이요 진리요 생명이신 예수님이 함께 해 주시는데 왜 염려하느냐!

이 말씀을 묵상하면서 다시금 힘을 얻고 새로운 소망과 꿈을 가지게 되었습니다.

아! 염려할 필요가 없구나. 살아계신 하나님이 계시고 하나님께서 모든 것을 주관해 주신다는 믿음을 가지게 되었습니다. 하나님은 역사의 주관자이십니다. 지금도 살아 계시고 역사해 주시는 분입니다. 나와 함께 해 주시는 분이십니다.

너무나 힘든 삶 가운데 계십니까?

절망 속에서 모든 것들이 무너지는 것 같습니까?

사람들을 의지하지 말고 살아계신 하나님을 찾으시기 바랍니다. 말씀으로 돌아가시기 바랍니다.

성경을 펴서 읽고 묵상하면서 간절히 하나님을 찾으시기 바랍니다. 말씀의 능력을 의지하시기 바랍니다. 말씀을 붙들고 간절한 기도를 하시기 바랍니다.

기도! 놀라운 특권을 믿으시기 바랍니다.

그러면 어느 순간 기도의 능력이 나타나서 역사하게 될 것입니다. 기적이 일어나게 될· 것입니다. 살아계신 하나님을 만나게 될 것입니다.

세상을 살아갈 때 가장 귀한 일은 무엇일까요?

말씀과 기도를 통해서 살아계신 하나님을 만나는 것입니다.

이 보다 더 귀한 일은 없습니다. 우리가 가장 힘써야 될 것은 이것입니다. 성경을 알고자 부단히 노력하는 일입니다.

신앙생활에서 성경을 알고자 얼마나 노력하고 있습니까?

교회들이 성경을 알고자 얼마나 노력을 할까요?

교회에서 많은 이들이 힘들어 합니다. 말씀을 통해 살아계신 하나님을 만나기를 원하는데, 하나님의 음성인 말씀이 들리지 않아서입니다. 진정으로 원하는 것은 말씀을 전해 주는 것입니다. 사람의 목소리가 아닌 말씀을 듣고 싶어 합니다. 교회에 와서는 다른 것이 아닌 힘들고 지친 육신과 영혼이 말씀을 통해서 위로와 희망을 얻기를 바라고 있습니다.

하나님께서는 우리가 갖고 있는 성경을 남기시고 보존하시기 위해서 많은 희생을 하셨습니다. 예수님이 죽으셨고, 순교자들이 하나님의 말씀으로 인해서 순교의 피를 흘렸습니다. 이 귀한 말씀이 약해지고 있는 현실을 볼 때 참으로 안타까운 심정입니다. 성경으로 돌아가야 합니다. 우리가 성경으로 돌아갈 때 하나님의 놀라운 역사가 일어납니다. 살아 계신 하나님의 능력을 보게 될 것입니다. 모세가 보았던 이적을 우리도 보게 될 것입니다. 성경만이 인생의 해답입니다. 다른 어떤 것도 대신할 수는 없습니다.

-하나님이 마지막까지 지켜주십니다-

하나님은 이 세상을 창조하시고 마지막은 심판하십니다. 역사를 주관하십니다. 인간들의 자유의지로 역사가 움직여 가는 것 같지만, 하나님께서 주관해 가십니다.

하나님께서 주관해 가시지만 우리의 역할도 중요합니다. 우리의 선택에 의해서 많은 일들이 일어나는 것입니다. 그 선택 중 가장 귀한 선택은 성경으로 돌아가는 것입니다. 성경을 통해서 하나님의 뜻을 이루어 가는 것입니다. 놀라운 역사가 일어날 것이고, 많은 생명들이 살아나게 될 것입니다.

중세시대에 종교개혁으로 얼마나 많은 생명들이 살아났습니까!

지금도 마찬가지입니다. 성경으로 돌아가는 사람이 많아질수록 하나님의 놀라운 역사가 일어날 것입니다. 많은 이들의 생명을 살리게 될 것이고, 그들에게 꿈과 희망을 줄 것입니다.

먼저 나부터 실천입니다. 다른 사람을 볼 필요가 없습니다. 오늘부터 성경을 읽고, 그 성경을 알고자 노력을 해야 합니다. 기도 제목 중에서 가장 중요한 기도 제목이 '하나님의 말씀을 위한 기도'가 되어야 합니다.

진리의 성령님이 역사해 주셔서 인도해 달라고 기도해야 합니다. 말씀을 통해 하나님의 사람이 되고자 기도를 해야 됩니다. 이것이 가장 귀한 기도 제목입니다.

기도! 놀라운 특권입니다.

예수님은 약속해 주셨습니다.
"내가 너희를 고아와 같이 버려두지 아니하고 너희에게로 오리라."
 (요 14:18)

지금도 예수님은 우리들 곁에 계십니다. 우리를 버려두지 않고 함께 해 주십니다.

"그 날에는 내가 아버지 안에, 너희가 내 안에, 내가 너희 안에 있는 것을 너희가 알리라."(요 14:20)

하나님은 우리와 함께 해 주십니다. 인생의 모든 고비마다 함께 해 주십니다. 영원토록 함께 해 주십니다.

4) 새로운 대안과 미래는?

(요한복음 14:21-24)

−귀한 선물을 찾기 위해 머나먼 여행을 떠나야 합니다−

성경을 보면서 소화시키기 힘들었던 주제는 '계명에 대한 바른 이해' 입니다.

계명을 구약성경에서는 율법이라 합니다. 그중에서 십계명이 핵심입니다.

오랫동안 계명에 대해서 생각해 보았지만 이해하기 힘들었습니다. 제가 성경에 대해서 잘 모르고 무지해서 그런 줄 알았습니다. 나 같은 사람은 알지 못하는 것이 정상이지! 이러한 것은 목회자나 신학자들이 아는 것이지 나 같은 사람이 모르는 것은 정상이고, 함부로 해석하면 안 되는 일인 줄 알았습니다.

과연 이것이 옳은 생각 이었을까요?

성경을 알기 위해서는 공부도 많이 해야 되고, 히브리어 헬라어도 알아야 되고, 두꺼운 주석도 알아야 되고, 영적인 체험도 많이 한 사람만이 성경을 아는 것일까요?

기독교가 부패할 때 나타나는 특징은 성경의 무지입니다. 기독교의 암흑기인 중세시대에도 마찬가지였습니다. 교회가 힘을 잃기 시작할 때도 나타나는 현상이 성경을 등한시 하고 무시한다는 겁니다.

성경은 아무나 볼 수 없는 책일까요?

하나님께서 우리들에게 성경을 주신 이유는 "누구나 볼 수 있기 때문에" 주셨습니다. 누구나 알 수 있기 때문에 성경을 주셨습니다. 어렵고 보기 힘든 책이 아니라 누구나 마음 먹으면 쉽게 알 수 있는 책입니다. 특정한 사람의 것이 아니라는 겁니다.

생각의 전환이 중요합니다. 사람들은 생각한 만큼 이해하고 받아들이기 때문입니다. 아무리 성경을 많이 보고 공부를 많이 해도 생각을 바꾸지 않으면 변화는 일어나지 않습니다. 생각의 전환이 필요합니다.

하나님이 나에게 주신 가장 귀한 선물은 성경이다. 나에게 꼭 필요한 것을 주셨다. 그 속에는 온갖 보물들이 있다. 이러한 믿음을 가져야 합니다. 믿음과 함께 간절한 기도가 필요합니다. 하나님이 주신 가장 귀한 선물에서 보화들을 찾을 수 있도록 간절히 기도해야 합니다. 간절한 기도와 함께 그것을 찾기 위해 머나먼 여행을 떠나야 합니다. 온갖 어려움이 와도 포기하지 않고 최종 목적지까지 가야 합니다. 길을 가는 도중에 많은 것들을 얻게 될 것입니다. 진리의 보화들을 찾게 될 것입니다.

성경에 대한 좋은 글이 있어서 소개할까 합니다.

"미국의 시사 주간지(타임)은 지난 1000년 동안의 가장 위대한 인물로 구텐베르크를 선정했다. 나는 구텐베르크를 선정한 이유가 인쇄술 창안 때문만은 아니라고 생각한다.

그의 업적 중 최고는 인류의 위대한 유산인 성경을 인쇄한 것이라 평가할 수 있다.

그가 성경을 인쇄함으로써 마르틴 루터의 95개조 반박문은 힘을 받을 수 있었고 이를 통해 유럽에 종교개혁이 일어나는 일이 가능해졌다. 이처럼 한 권의 책은 파급 효과가 어마어마하다."

김병완-『김병완의 책쓰기 혁명』-아템포

-성경은 스스로 알아가는 것입니다-

성경이 얼마나 많은 파급력이 있는가에 대한 말입니다. 그 힘은 어마어마합니다. 인쇄술의 발달로 성경을 대량으로 찍을 수 있게 되었고, 많은 이들에게 전파되었습니다. 이렇게 퍼진 성경의 파급력은 대단했습니다.

성경으로 인해서 많은 변화가 일어났고, 종교개혁이라는 기적도 일어난 것입니다. 사람들이 변화와 함께 의식도 바뀌게 되었습니다. 가장 큰 변화는 "성경은 특정한 사람들의 것"이 아니라는 겁니다. 모든 이들의 것이라는 생각의 전환이 일어났던 것입니다.

성경은 쉽게 다가가는 것이 좋습니다. 어렵고 힘들게 다가가면 중도에 포기하고 맙니다.

쉽게 다가가는 가장 좋은 방법은 한 권이라도 제대로 이해하는 것입니다. 누가 이러한 책이 좋더라, 이러한 책이 유명한 것이니 이것부터 해야 된다. 이렇게 접근하면 오히려 더 어려워집니다. 저도 이렇게 접근해서 성경을 공부해 보니, 이해가 되지 않았고 중간에 포기하는 경우가 많았습니다. 먼저는 쉽게 다가가야 합니다. 한 권이라도 제대로만 이해하게 되면, 그 다음은 쉬워집니다. 그 이유는 성경에는 흐름과 맥이 있기 때문입니다. 그 흐름과 맥을 스스로 찾아내면 그 다음은 수월해 집니다. 가장 중요한 것은 하나님께 맡기는 것입니다. 왜냐하면 하나님이 책임져 주시고 올바른 길로 인도해 주시기 때문입니다.

누구보다도 답답하고 미련하고 어리석게 성경을 본 사람이 저인걸 고백합니다. 그것도 오랫동안 그렇게 했습니다. 그러나 중심을 보시는 하나님이 올바른 길로 인도해 주셨고 아직 많은 것들이 부족하나 이렇게 책까지 쓸 수 있는 사람이 되었습니다.

어리석고 부족한 저의 모습을 알았기 때문에 우직하게 성경을 보았습니다. 요령보다는 정도를 걸어갔습니다. 성경에 대해서 많은 고민과 질문을 했습니다. 지금에 와서 돌아보니 그때에 한 질문과 고민들이 많은 도움이 되었습니다. 가장 많이 도움이 된 것은 본질을 보는 눈과 다른 사람이 보지 못하는 독특한 눈을 가지게 된 것입니다. 그리고 전체를 보면서 부분을 해석해 나갈 수 있는 밸런스가 잘 다듬어 졌다는 것입니다.

그러나 아이러니 하게도 기존의 방법대로 교육을 받은 사람들과 노력 없이 무언가를 얻고자 하는 사람들의 눈에는 제가 풀어내는 이 방법들이 이상하게 보였는지 많은 오해를 받았습니다. 무식하고 시대에 뒤 떨어지는 사람으로 취급을 받곤 했습니다. 뭐가 그리도 잘 낫냐! 알면 얼마나 안다고! 공부를 하면 얼마나 했냐! 등…

제가 이러한 취급을 받는 것도 이해는 되었습니다. 가르치는 대로 그대로 받아들이지 않고 제가 이해가 안 되는 부분은 끝까지 답을 찾았기 때문입니다. 그냥 적당히 하면 되지, 뭐 그리 별나게 하느냐란 말도 많이 들었습니다. 세월이 흐른 후, 깨달은 것은 제가 했던 방법들이 틀리지 않았다는 것입니다. 성경은 머리가 좋아서 잘하는 것이 아니라, 우직하게 하는 것이 가장 좋은 방법이었던 것입니다.

한국교회의 위기는 강단의 위기란 말도 나온 지 꽤 오래 되었습니다. 지금은 더 합니다. 말씀을 전할 때 가장 중요한 것은 성경을 전해야 합니다. 다른 것을 말하면 안 됩니다. 그리고 제발 좀 쉽고 알아들을 수 있는 말을 해야 합니다. 지루하지 않게 말입니다.

설교는 선포입니다. 화려한 말보다는 쉽고 명확한 말들이 힘이 있고 능력이 있습니다. 알아듣기 힘든 말로 복잡하게 해서 듣는 사람들을 힘들게 해서는 안 됩니다.

지금은 너무나 바쁜 세대입니다. 예전과는 다른 세대입니다.

지금 세대를 잘 표현하는 것 중 하나는 유튜브입니다. 유튜브는 TV에서 발전된 형태입니다. 많은 것들의 복합체로 이루어졌습니다. 유튜브의 장점은 호기심을 가지게 만들고, 내용은 쉽고, 간결하고, 핵심만 이야기합니다. 이유는 사람들이 길고 지루하면 싫어하기 때문입니다.

이러한 세대 사람들이 길고 지루하고 핵심이 없다면 어떻게 받아들일까요?

이러다보니 많은 사람들이 큰 교회, 유명한 사람들의 설교나 강의를 찾아다닙니다. 말씀보다는 사람을 더 의지하는 것입니다. 저 또한 이런 생활을 오래 했습니다. 이것도 옳지 않습니다. 심각한 문제이고 교회의 위기입니다.

이렇게 흘러가다가 앞으로 작은 교회들이 없어지고 큰 교회만 남는다면 어떻게 될까요?

교회는 지금보다도 더 안 좋은 방향으로 갈 것입니다. 교회의 주인이 하나님이 아니라 사람이 주인이 될 것이고, 사람의 권세가 더욱더 커질 것입니다. 교회는 달라야 합니다. 세상처럼 변질 되어서는 안 됩니다. 대형화로 힘 있고 돈 있고 권세 있는 사람들만 살아남는 곳이 되어서는 안 됩니다.

이러한 현실을 풀어갈 수 있는 가장 좋은 대안은 "스스로 성경을 알아가는 것"입니다.

누구나 성경을 알 수 있도록 해 주는 것입니다. 교육의 혁신이 필요하고, 새로운 교육법이 필요합니다. 이러한 것들에 대해서 오랫동안 고민했었고 이것은 꼭 해야 될 일이라 봅니다. 제가 이 책을 쓴 가장 중요한 목적입니다.

누구나 할 수 있습니다. 노력만 한다면 성경에 대해서 전문가가 될 수 있습니다. 자기 신앙은 자기 자신이 지켜야 합니다. 왜 이것이 필요한가 하면 앞으로의 세상은 확연히 달라지기 때문입니다. 갈수록 모이는 것이 힘들어지는 세상이 될 것이고, 사람들은 세상의 것들에 취해서 성경을 더 멀리 할 것이기 때문입니다. 지금 중국에서 발생한 코로나바이러스로 인해서 얼마나 많은 이들이 고생하고 있고 경제적으로도 힘든 상황인가요. 앞으로는 더한 것들도 많이 나오리라 봅니다.

누구나 할 수 있습니다. 왜냐하면 성경은 하나님의 선물이기 때문입니다. 우리들을 향한 하나님의 간절한 사랑이기 때문입니다.

결단을 해야 합니다. 먼저 나부터 결단을 해야 합니다.
그리고 주위 사람들도 결단하도록 도와주어야 합니다. 이것이 미래이고, 살길입니다. 성경으로 돌아가야 합니다.
이러한 일에 많은 동참과 기도와 후원을 부탁드립니다.

-공평의 법이란 어떤 것일까-

우리가 계명을 이해하기 위해서는 성경에 대한 올바른 이해가 필요합니다.

"너희가 나를 사랑하면 나의 계명을 지키리라."(요 14:15)

"나의 계명을 지키는 자라야 나를 사랑하는 자니 나를 사랑하는 자는 내 아버지께 사랑을 받을 것이요 나도 그를 사랑하여 그에게 나를 나타내리라."(요 14:21)

"사람이 나를 사랑하면 내 말을 지키리니."(요 14:23)

"나를 사랑하지 아니하는 자는 내 말을 지키지 아니하나니."(요 14:24)

계명을 지키는 자가 하나님의 사랑을 받을 수 있습니다.

계명의 완성은 사랑입니다.

"새 계명을 너희에게 주노니 서로 사랑하라 내가 너희를 사랑한 것 같이 너희도 서로 사랑하라.

너희가 서로 사랑하면 이로써 모든 사람이 너희가 내 제자인 줄 알리라."(요 13:34-35)

예수님은 새로운 계명을 주셨습니다.

사랑의 법입니다.

예수님이 우리를 사랑한 것 같이 우리도 서로 사랑하라 하셨습니다.

사랑이 율법의 완성이요, 계명의 완성입니다.

기독교의 핵심이고 본질입니다.

이 계명을 실천하기 위해서 먼저 해야 할 일은 "예수님이 나를 사랑하신 그 사랑을 깨닫는 것"입니다. 성경을 통해 예수님을 만나는 것입니다.

이 세상은 혼자서는 살 수가 없습니다. 더불어 살아가는 관계입니다. 공동체를 이루면서 살아갑니다. 그렇기에 법이 필요한 것입니다.

계명은 하나님과 사람과의 관계, 그리고 사람과 사람과의 관계에서 이루어집니다. 사람과의 관계에서 가장 중요한 것은 "공평"의 법입니다. 여기에서 말하는 공평은 누구나 똑같이 잘 사는 것을 말하는 것이 아닙니다.

하나님은 사람들에게 인격과 자유의지를 주셨습니다.

사람의 능력과 노력의 차이가 부를 만듭니다. 노력한 만큼 정당한 대가를 받는 것이 공평입니다. 그러나 현실은 공평의 법을 이루어가기 보다 불공평의 법을 이루어가는 경우가 많습니다. 사람들의 욕심 때문입니다. 만족하지 못하는 욕심으로 인해서 특정한 사람들이 다 가져갑니다. 경제든 정치든 너무 심하게 가면 그 집단은 반드시 오래가지 못합니다. 철저하게 무너지게 됩니다. 이것이 역사가 말하는 교훈입니다.

성경에서 말하는 공평의 법은 나누는 법입니다. 가진 이들이 서로 나누어서 배고픈 이들이 없도록 하는 것입니다. 단순히 베푸는 것만 생각해서는 안 됩니다. 가진 사람들의 능력으로 많은 이들이 일할 수 있는 곳을 만들어 주어, 그들이 일을 통해서 얻어가는 정당한 부입니다. 정당한 대가입니다.

-왜 그리도 답답한지!-

우리나라 기업들은 기업을 운용하기 너무나 힘든 구조입니다. 예전에도 힘들었습니다. 가장 큰 이유는 정부의 영향 때문입니다. 대기업이 좀 더 일할 수 있는 환경을 만들어 주어야 하는데, 그렇지 않습니다. 대기업이 잘 되면 세금을 많이 내고, 많은 사람들의 일자리가 생겨서 나라 전체가 부강한 형태로 가는데, 왜 그리도 답답한 정치를 하는지!

예전에는 중소기업 형태로 가는 것이 안정된 경제구조이었지만 이제는 시대가 바뀌었습니다. 지금은 대기업 몇 개가 전체의 부를 다 가져갑니다. 앞으로는 더 할 것입니다. 미국도 자세히 보면 많은 중소기업이 아니라 대기업 몇 개가 전체를 움직여가고, 대기업이 내는 세금이 나라에 막대한 영향을 끼칩니다. 대기업이 다시 중소기업을 살리는 형태입니다. 이러한 구조 속에서 많은 일자리가 생겨나게 되고 경제의 흐름이 안정적으로 잡히는 것입니다.

이번 정권은 대기업들에게 왜 그리 하는지!

더 중요한 것은 선거를 대비해서 그런지 빚을 내어서 많은 일자리를 만들었습니다. 주로 일하는 연령층은 60세 중심입니다. 그리고는 자랑합니다. 정치를 잘한 결과로 경제가 좋아져 일자리가 늘었다고 합니다. 이것은 공평의 법이 아닙니다. 그리도 똑똑한 분들이 왜 그리고 답답한지!

참으로 이해가 안 됩니다. 상식이 통하지 않는 것 같습니다.

이 나라의 기둥은 40~50대 입니다. 우리가 경제 강국이 될 수 있었던 원인도 그들이 열심히 해서입니다. 이것 외에도 정부에서 다른 많은 일들을 하는데 너무 불필요한 일들이 많다는 것입니다. 참으로 안타까운 것은 어마어마한 빚을 내어서 필요 없는 곳에 돈을 낭비한다는 것입니다. 그 돈은 누가 내어야 합니까? 참으로 답답한 현실입니다.

성경을 바로 아는 것이 왜 중요한가 하면, 성경을 통해서 공평의 법을 배우기 때문입니다. 그러한 사상을 가진 사람들이 옳은 것과 잘못된 것들을 가려서 이 사회가 바르게 가도록 해 줍니다.

우리 민주주의도 그렇게 만들어 진 것입니다. 잘못된 정권들의 욕심을 지켜내었던 것입니다.

욕심에 의해 권력을 누렸지만, 그 권력의 끝은 어디로 갑니까? 결국 다들 감옥으로 갔지 않습니까? 그것을 직접 눈으로 보고서도 왜 그리도 답답한지!

욕심에 눈이 멀어버리면 그 끝은 모든 것을 잃어버리게 되고, 모든 것을 잃었을 때 후회 하지만 그때는 늦습니다. 나의 가정, 교회, 이 나라는 내가 지켜야 합니다. 우리 힘으로 지켜야 합니다. 요셉의 지혜로 애굽이 살고 주변 나라가 살고 가족이 살았던 것처럼, 이런 지혜로운 사람들이 많이 나와야 합니다. 그들이 만들어 가는 교회 나라가 되어야 합니다. 그렇기에 성경이 중요한 것입니다.

하나님과의 사랑이 이루어지면 이웃과의 사랑도 이루어집니다. 계명을 온전히 지키면 하나님과의 관계도, 이웃과의 관계도 공평이 이루어집니다. 평화가 이루어집니다.

"내가 아버지의 계명을 지켜 그의 사랑 안에 거하는 것 같이 너희도 내 계명을 지키면 내 사랑 안에 거하리라. 내가 이것을 너희에게 이름은 내 기쁨이 너희 안에 있어 너희 기쁨을 충만하게 하려 함이라."

(요 15:10-11)

-성경만이 대안이고 미래입니다-

계명을 지키면 평화와 기쁨이 넘칩니다. 하나님의 말씀대로 산다는 것, 계명대로 사는 것을 부담스럽게 여겨서는 안 됩니다. 힘들고 부담스럽게 느껴진다면, 생각의 전환이 필요합니다. 계명을 지킨 후의 결과를 생각해 봐야 합니다. 계명을 지킨 결과는 평화와 기쁨입니다. 하나님이 주실 복을 생각하면 됩니다. 그러면 계명이 기쁨의 법이 될 것입니다. 계명대로 살기 위해서는 계명을 바로 알아야 됩니다. 바르게 알기 위해서는 노력을 해야 합니다. 공부를 해야 합니다. 그렇기 때문에 성경을 가까이 함이 복입니다.

"복 있는 사람은 악인들의 꾀를 따르지 아니하며 죄인들의 길에 서지 아니하며 오만한 자들의 자리에 앉지 아니하고, 오직 여호와의 율법을 즐거워하여 그의 율법을 주야로 묵상하는도다."(시 1:1-2)

시편 1편 말씀처럼 복 있는 사람은 여호와의 율법을 즐거워하여 그의 율법을 주야로 묵상하는 자라 했습니다. 율법과 계명을 즐거워하는 자입니다. 그 율법을 언제나 생각하고 묵상하는 자입니다. 성경을 가까이 함이 복입니다.

이 모든 것들이 이해가 되었으면 그 의미를 계속 생각해서 나의 것으로 만들어야 합니다. 기억력에는 한계가 있기 때문입니다. 그 의미를 잃어버리지 않도록, 생각하고 또 생각해서 온전히 나의 것으로 만들어야 합니다. 그리고는 실천으로 옮겨야 합니다. 성경을 가까이 하는 사람이 되고자 노력을 해야 합니다. 습관이 될 때까지 부단히 노력을 해야 합니다.

오늘부터 시작하면 됩니다!

먼저는 성경을 읽는 것입니다. 욕심을 부리지 말고 내가 가장 좋아하는 곳부터 읽기 시작하면 됩니다. 창세기를 권해 드립니다. 창세기는 모든 것의 시작이 나오고 믿음의 조상들의 이야기가 나옵니다. 내용도 지루하지 않고 누구나 봐도 이해가 되는 드라마와 같은 성경입니다. 많은 감동이 있습니다. 특히 요셉이야기는 눈물 없이는 볼 수가 없는 드라마입니다.

드라마는 한 번 보고 나면 다음에는 같은 것을 보기가 힘듭니다. 새로운 것을 찾습니다. 그러나 요셉이야기는 보고 또 볼 수 있는 드라마입니다. 볼 때마다 감동과 눈물이 있습니다. 그 감동과 눈물 속에서 나도 요셉처럼 닮아가는 것입니다. 요셉이 만난 하나님을 나도 만나고, 요셉처럼 여호와를 경외하는 삶을 살아가므로 복을 덩달아 받습니다.

성경은 어려운 책이 아닙니다. 누구나 이해할 수 있는 가장 쉬운 책입니다.

가장 쉬운 것부터 가장 자신 있는 것부터 시작하면 됩니다. 포기하지 말고 반복하는 것이 좋습니다. 다양한 한글 성경 번역본을 같이 보는 것도 좋습니다. 완전히 나의 것이 될 때까지 보고 또 보는 것입니다. 그러면 이 고백이 나의 고백이 될 것입니다.

"성경만이 대안이고 미래입니다."

3. 하나님의 계획은

(요 14:25-26)

1) 하나님의 계획은

−하나님이 가장 귀한 길로 인도해 주셨습니다−

예수님은 제자들과 어떤 대화를 하셨을까요?

예수님은 제자들이 이해하지 못하는 말씀을 자주 하셨습니다. 그 중에서 하나님을 아버지라 부르는 것과 새로 오신다는 보혜사 성령님입니다. 지금도 쉽지 않은 의미입니다. 하나님 예수님 성령님을 온전히 이해한다는 것 자체가 쉽지 않습니다. 요한의 위대한 점은 하나님에 대한 정의를 쉽게 정리했다는 것입니다. 성경 어디를 보아도 요한복음 14, 15, 16장 만큼 잘 정리된 곳도 없습니다.

제가 신앙생활을 시작하게 된 때는 고등학교 2학년 때부터입니다. 친구가 저를 전도했습니다. 친구가 교회가면 예쁜 여학생들이 많으니 같이 가자는 것이었습니다. 편하게 어울릴 수도 있고 이야기도 할 수 있다는 것입니다. 그 말에 제가 결정적으로 넘어갔습니다.

그 시절에는 지금처럼 여학생들과 쉽게 어울릴 수 있는 시절은 아니었습니다. 그보다도 제가 용기가 없어서 이성들과 잘 어울리지 못했던 것입니다. 그러나 그 친구의 말처럼 예쁜 여학생들이 많지는 않았습니다. 제가 속은 것이었습니다. 그때 제가 느낀 것은 신앙생활을 열심히 하는 여학생들은 저랑 격이 달라 보였습니다. 그때의 생각은 "나 같은 사람은 별로 안 좋아 하겠구나"란 것이었습니다. 그래도 같은 또래들 하고 어울린다는 것이 재미있었습니다.

교회를 가는 횟수가 많아지자, 저의 집안이 안 믿는 가정이라 반대가 심해지기 시작했습니다. 저의 신앙이 깊어지기 시작하자 반대도 심해졌습니다. 교회를 다니면서 영적인 갈급함과 성경에 대한 것들이 궁금해지기 시작했습니다. 누구에게 물어봐도 제가 원하는 답은 얻지 못했습니다. 사람들도 제가 궁금해 하는 것들은 관심이 없어 보였습니다. 그냥 믿으면 되지! 뭐 그리 복잡하게 생각하느냐란 말 뿐이었습니다.

그때에 한 권사님을 알게 되었는데, 그 분은 기도를 많이 하시는 분이었습니다. 저도 그 시절에는 밤마다 교회에 가서 기도를 많이 하던 때입니다. 기도하는 시간은 밤 9시에서 12시까지 하거나, 좀 더 기도 하고 싶으면 새벽 2시나 3시까지도 했습니다. 이불을 가져다 놓고는 기도하다 자다다 하는 일이 많았습니다. 새벽기도가 시작되기 전에 집에 가는 일도 많았습니다. 제가 기도하는 모습이 보기에 좋았는지 기도하는 권사님들이 아껴주셨고 저를 위해서도 기도를 많이 해 주셨습니다. 아무 것도 모르던 시절에 큰 힘이 되었습니다. 권사님과 자연스럽게 가까워졌고, 저에게 영적으로도 많은 이야기를 해 주었습니다. 일평생을 밤에 교회에서 철야를 하신 분들이라, 기도에 대한 경험도 많으셨습니다. 실질적인 기도에 대한 말들이라 책에서 보는 이론과 달랐습니다. 그때 들은 말들이 도움이 되었고, 영적인 세계를 이해하는 데에도 도움이 되었습니다. 권사님이 저에게 영적으로 도움이 될 것이라면서 목사님 한 분을 소개해 주었습니다. 저의 신앙의 기초는 이 목사님으로부터 시작 되었습니다.

대구 동부교회 김덕신 목사님 입니다. 그 당시 대구 하면 아주 유명한 목사님이 계셨는데. 이분이 계시다는 것을 시간이 지난 후에 알게 되었습니다. 대구 제일교회 이상근 목사님 입니다. 주석까지 집필할 정도로 유명한 분이었습니다. 그러나 저는 오히려 김덕신 목사님의 말씀이 더 가슴에 다가왔습니다. 주로 참석한 예배는 금요일 철야예배입니다. 대구 동부교회는 제가 사는 곳과 가까운 거리는 아니었습니다.

금요일 철야 시간은 오후 9시부터 12시까지입니다. 예배가 끝나도 새벽기도 전까지 기도 하시는 분들이 많이 있었습니다. 저도 일찍 가서 철야예배를 드리고, 마치고 나면 새벽기도 시작 전까지 기도를 했습니다. 기도하다가 졸다가 다시 기도하고 또 졸다가….

김덕신 목사님이 가장 좋아하셨던 성경은 요한복음이었습니다. 요한복음에 나오는 말씀들을 많이 강조하셨습니다. 저도 목사님 말씀에 은혜를 받고 난 후, 요한복음을 더 알고 싶었습니다.

그 시절에는 설교를 테이프로 녹음하던 시절입니다. 여유가 되는대로 테이프를 구입하고는 아주 열심히 들었습니다. 테이프가 얼마나 많았는지 요한복음만 100개 이상 되었습니다.

구입해서 시간이 날 때마다 들었습니다. 요한복음 뿐 아니라 다른 것도 구입해서 들었습니다. 주일예배, 수요예배, 금요철야예배 외 테이프로 나온 것은 거의 다 들었습니다. 여유가 생길 때마다 구입해서 들었습니다. 재미도 있었고 성경을 깨달아 간다는 것도 기쁨이었습니다.

그때는 가난한 시절이라 테이프 구입하는 것도 힘들었습니다. 대구까지 왔다 갔다 하는 차비도 큰 부담이었습니다. 아마도 쉽게 다녔으면 얻은 것이 없었겠지만 어렵게 다닌 길이라 그런지 많은 은혜를 받았습니다. 지금에 와서 돌아보니 하나님께서 함께해 주셨고 많은 복을 주셨습니다.

그렇게 보낸 시절이 15년 이상입니다. 젊은 시절 어긋난 길로 가지 않고 성경에 집중할 수 있었던 것이 하나님의 크신 은혜였던 것 같습니다. 저의 신앙은 조금씩 자라게 되었고, 저는 신학대학교를 가게 되었습니다.

시간이 지난 후 알게 되었지만 저도 모르는 사이에 성경의 기초와 철학적인 사고가 형성되었습니다. 결정적인 이유는 김덕신 목사님의 테이프를 많이 들은 것 때문입니다. 한 테이프 당 2번 이상 들은 것도 많고, 맘에 다가오고 은혜가 되는 것은 10번에서 50번 이상 들은 것도 많았습니다. 재미도 있고 은혜도 있어서 많이 들었습니다. 그 많은 테이프를 짧은 시간 동안 집중적으로 들었던 것이, 성경의 기초가 형성 되었던 것입니다.

그러나 부정적인 생각들이 저의 인생을 지배하게 되었습니다. "나는 잘 모르는 사람이다"란 생각이 저를 지배했던 것입니다. 조금만 생각을 바꾸어도 더 나은 삶의 방향으로 갈 수 있었을 것인데 부정적인 생각들이 저의 인생을 끌고 갔습니다. 방황이 시작된 것입니다. 아주 오랫동안 방황하게 되었습니다.

인생을 살아갈 때 "내가 지금 어떤 생각을 하느냐"가 중요합니다. 생각이 현재를 지배하고 미래를 만들어 가기 때문입니다. 오랫동안 자기계발서의 책들을 탐독하면서 정리된 것은 "생각의 중요성"입니다. 생각대로 인생이 만들어 진다는 것입니다.

그 시절에는 부정적인 생각들이 저를 지배했습니다. 안 믿는 가정에서 힘들게 신학교를 갔지만 저의 생각과는 너무나 달랐습니다. 수업을 들어도 이미 아는 내용들이었고 지식적인 것은 잘 몰라도 철학적인 것과 신학적인 것 그리고 신앙관은 제가 생각한 것과는 너무나 달랐습니다.

오랜 방황이 정리되고 삶의 방향이 결정되고 난 후 저의 신앙고백입니다.

"성경으로 돌아가자."

"성경의 가치를 새롭게 발견하자, 성경의 권위를 찾자. 모든 이들이 성경을 알 수 있도록 길을 열어 주자, 성경만이 교회와 나라의 미래다."

－하나님의 뜻은 이 땅에 성경을 남기는 것과, 전하는 것 입니다－

신앙생활에서 가장 중요한 것은 "성경으로 돌아가는 것"입니다.

저의 신앙의 기초를 형성해 주신 김덕신 목사님이 항상 하신 말씀은 "성경 100독" 하라는 겁니다. 성경을 100번만 읽으면 영안이 열린다는 것입니다. 핵심은 "성경으로 돌아가자"입니다. 종교개혁의 핵심도 "성경으로 돌아가자"입니다. 한국교회도 가장 우선시 되어야 할 것도 "성경으로 돌아가는 것"입니다.

성경으로 돌아가는 것은 우리의 미래가 달린 일이고 생명이 달린 일입니다. 많은 분들이 이러한 사실을 깨닫고 동참했으면 합니다. 저 또한 사명으로 알고 이러한 운동을 하고 있습니다.

예수님은 말씀하십니다.

"보혜사 곧 아버지께서 내 이름으로 보내실 성령 그가 너희에게 모든 것을 가르치고 내가 너희에게 말한 모든 것을 생각나게 하리라."(요 14:26)

"내가 아버지께로부터 너희에게 보낼 보혜사 곧 아버지께로부터 나오시는 진리의 성령이 오실 때에 그가 나를 증언하실 것이요."(요 15:26)

"진리의 성령이 오시면 그가 너희를 모든 진리 가운데로 인도하시리니 그가 스스로 말하지 않고 오직 들은 것을 말하며 장래 일을 너희에게 알리시리라."(요 16:13)

이 말씀을 오랫동안 묵상 했습니다. 과연 하나님의 뜻이 무엇일까? 무엇 때문에 이러한 말씀을 하셨을까? 쉽지 않은 질문이었고 답 또한 쉽지 않습니다.

성경 전체를 생각하면서 오랫동안 묵상을 하다 보니 어느 순간 깨달아졌습니다. 놀라운 경험이었고, 삶의 방향을 바꾼 계기가 되었습니다.

하나님의 뜻은 이 땅에 "성경을 남기는 것과, 성경을 전하는 것"이었습니다.

다시 성경 전체를 정리해 보니 더욱 명확하게 이해가 되었습니다.

한국교회에 대해서 생각해 보았습니다. 무엇이 가장 큰 문제일까?

가장 큰 문제는 "성령에 대한 잘못된 인식과 방향"이었습니다. 성경이 아닌 신비주의로 가는 것이 가장 큰 문제입니다. 한국교회뿐 아니라 세계 모든 교회들이 이러한 추세로 가고 있습니다. 성령 체험, 방언, 병 고치는 것, 신비한 체험들을 너무 따라간다는 겁니다. 이러한 방향으로 가는 가장 큰 원인은 욕심입니다. 성경만으로는 부흥이 안 되고, 사람들의 비유를 맞추려 하다 보니 그렇게 된 것입니다. 무엇보다도 성경의 가치와 권위를 인정하지 않아서입니다. 가장 늦고 답답한 방법처럼 보일지 몰라도 그 반대입니다. 성경이 가장 빠른 방법이요, 그 파급력은 대단한 것입니다. 역사가 이를 증명하고 있습니다.

하나님께서는 이 땅에 "성경을 남기셨고, 성경을 깨닫도록" 해 주셨습니다. 이것이 하나님의 가장 크신 뜻이고, 사랑입니다. 예수님의 십자가의 죽음으로 완성된 것입니다.

성경을 통해서 예수님을 믿는 길이 열렸고, 진리를 깨닫는 길이 열린 것입니다.

"그가 너희에게 모든 것을 가르치고 내가 너희에게 말한 모든 것을 생각나게 하리라."(요 14:26)

"진리의 성령이 오실 때에 그가 나를 증언하실 것이요."(요 15:26)

"진리의 성령이 오시면 그가 너희를 모든 진리 가운데로 인도하시리니."(요 16:13)

-성경을 남긴 역사, 성경이 이루어 가는 역사-

모든 것은 하나님이 하셨습니다.

성령하나님이 지금 이 순간에도 함께 해주십니다. 태초부터 함께 해주셨습니다. 하나님은 아담을 통해서도 말씀하셨고, 노아에게도 말씀하셨고, 아브라함에게도 말씀하셨습니다. 아브라함을 통해 이스라엘 민족이 형성되었고, 이스라엘 민족을 통해서 성경이 남겨진 것입니다.

신약시대에는 "사도바울과 누가"를 통해서 많은 양의 성경을 남겼고 요한을 통해 최종 정리가 되었습니다. 인간의 역사를 한마디로 표현한다면 "하나님께서 성경을 남긴 역사와 성경대로 이루어가는 역사"라 할 수 있습니다.

지금도 성경을 통해서 진리가 전해지고, 성령님이 성경을 통해서 진리를 깨닫게 해 주십니다.

하나님은 사람들에게 가장 좋은 방법인 "책"이라는 도구로 성경을 남기셨습니다. 인간의 과학도 책을 통해 발전해 왔습니다. 지금도 마찬가지입니다. 지식의 결정체는 책입니다.

교회가 존재하는 가장 중요한 목적은 "말씀 선포"입니다.
교회가 해야 될 가장 중요한 일은 "성경을 바로 가르치는 것"입니다.
우리가 먼저 해야 될 가장 중요한 일은 "성경을 바로 아는 것"입니다.
"성경으로 돌아가야"합니다.
성경을 읽어야 합니다.
많은 이들이 성경을 읽을 수 있도록, 바로 알 수 있도록 길을 열어 주어야 합니다. 혼자서 맹목적으로 읽는 것은 지혜롭지 못한 방법입니다. 가장 좋은 도움의 손길은 성령 하나님입니다. 하나님이 지혜를 주시고, 길을 인도해 주셔야 합니다. 하나님의 도우심으로 진리의 사람들을 만나게 해 주실 것입니다.

결단이 필요합니다!

사람을 의지하는 것이 아니라 내가 먼저 성경을 펴서 읽는 결단이 필요합니다. 먼저 읽는 것이 시작이고 완성입니다. 그 다음으로는 성경을 어떻게 알아가는 것이 좋은 방법인지 생각 해 보아야 합니다. 전문가들의 도움을 받아야 합니다.

성경으로 돌아가고자 결단 하고, 하나님께 도움을 구하는 순간 하나님께서 책임져 주십니다.

2) 행복은 어디에 있을까요

(요 14:27-31)

-하나님의 놀라운 능력이 우리 안에 있습니다-

행복과 불행의 차이는 무엇일까요?

어떠한 삶이 행복한 삶일까요?

나는 행복한 삶을 살고 있습니까?

아주 평범한 질문 같으나 그 답을 찾기까지는 오랜 시간이 걸립니다.

행복과 불행의 차이는 생각의 차이라 봅니다. 현재 내가 어떤 생각을 하느냐가 중요합니다. 지금 돈이 없어서 김밥을 먹어도 만족하다면 행복한 것이고, 비싼 음식을 먹어도 만족하지 못한다면 불행한 것입니다. 현재 살고 집이 작고 불편해도 만족한다면 행복한 것이고 집이 크고 화려해도 만족 하지 못한다면 불행한 것이 아닐까요.

행복은 소유의 문제가 아닙니다. 마음의 문제입니다. 행복한 사람들의 특징은 내면의 힘이 강합니다. 내면의 힘이 강한 사람들은 무슨 일을 만나도 잘 감당할 수 있는 사람들입니다.

성경에서는 행복과 불행을 어떻게 볼까요?

어떠한 삶이 행복한 삶일까요?

그 답은 선을 행하는 삶, 복음을 전하는 삶, 사랑을 실천하는 삶입니다.

『읽는 것을 깨닫느뇨?』의 저자인 노우호 목사님은 죄를 이기는 최선의 방법은 "선을 행하는 삶"이라 했습니다.

"선을 행하는 것이 죄를 이기는 방법이라니."

오랜 시간 그 의미를 묵상해 보니 이해가 되었습니다. 선을 행하는 것이 죄를 짓지 않는 가장 좋은 방법이라는 것을 깨닫게 되었습니다.

어떤 일에 대해서 질문을 하고 그 질문이 풀리지 않을 때는 저는 본질로 돌아가서 생각을 합니다. 성경에서 본질과 기본은 창세기요 율법서입니다. 창세기에서는 사람이 누구인가란 답을 "하나님의 형상"이라 합니다. 하나님보다 조금 못한 존재입니다. 하나님과 같은 특성을 가지고 있다는 겁니다.

이 말씀의 의미가 어디까지일까요?

참으로 무궁무진 합니다.

창조주 하나님을 생각하면 제일 먼저 떠오르는 것이 "우주"입니다. 우주가 얼마나 크고 넓습니까. 그 끝은 알 수 없는 미지의 세계입니다. 태양계만 보더라도 얼마나 크고 신기합니까. 인간의 과학이 발달했다고 하나, 아직까지 달도 잘 모르는 존재입니다. 그 존재가 어떻게 우주라는 신비를 알 수가 있을까요?

하나님의 크고 놀라운 능력이 우리 안에 있다는 겁니다. 그 능력이 어디까지일까요?

평생을 생각해도 알지 못하는 것이 아닐까요? 확실한 것은 사람의 존재가 우리가 생각하는 것 이상으로 엄청난 존재라는 겁니다. 이 모든 비밀은 하나님의 나라에 가서 온전히 알게 될 것입니다.

−선을 행하는 삶에서 능력이 나옵니다−

"평안을 너희에게 끼치노니 곧 나의 평안을 너희에게 주노라 내가 너희에게 주는 것은 세상이 주는 것과 같지 아니하니라 너희는 마음에 근심하지도 말고 두려워하지도 말라."(요 14:27)

예수님은 평안을 주셨습니다. 근심하지 말고 두려워하지 말라 했습니다. 짧은 말씀이지만 이 말씀을 온전히 이해하게 된다면 큰 능력을 발휘할 수 있지 않을까요? 참으로 놀라운 말씀입니다. 오랫동안 이 말씀을 묵상하고 저의 것으로 만들려고 노력했으나 아직까지도 미흡한 모습을 봅니다.

예수님은 제자들과 처음에 하신 말씀입니다.

"너희는 마음에 근심하지 말라 하나님을 믿으니 또 나를 믿으라."(요 14:1)

제자들과 말씀을 마무리 하실 때도 동일한 말씀을 하셨습니다.

"이것을 너희에게 이르는 것은 너희로 내 안에서 평안을 누리게 하려 함이라

세상에서는 너희가 환난을 당하나 담대하라 내가 세상을 이기었노라."(요 16:33)

환난을 당한다는 것은 순교의 자리까지 간다는 것입니다. 그때에도 담대하라는 것입니다.

예수님이 세상을 이겼기 때문에 담대 하라는 것입니다. 예수님이 이미 승리하셨기 때문에 우리도 승리할 수 있습니다.

요한은 요한복음을 사람들이 읽기 쉽도록 기록하였습니다. 그러나 신

기하게도 읽으면 읽을수록 마르지 아니하는 샘물과 같습니다. 퍼도 퍼도 계속 나오는 물처럼 그 의미가 아주 깊습니다. 특히 요한복음 14, 15, 16장의 내용은 참으로 놀랍습니다. 짧은 장 속에 많은 주제가 있고, 성경의 중요한 뼈대와 맥이 있습니다. 하나님의 영감으로 기록된 성경이지만 "요한이 참으로 위대하게" 느껴집니다. 어떻게 이런 책을 기록할 수 있을까?

저의 소원도 요한처럼 위대한 글을 적어 보는 것입니다. 책으로 많은 이들의 생명을 살리는 것이 저의 바람이고 꿈입니다.

요한복음은 참으로 위대한 한 권의 책입니다. 이 한 권의 책이 가진 파급효과는 엄청납니다. 시간과 공간을 넘어서 파급효과가 이어져 오고 있습니다. 참으로 놀라운 일입니다.

요한이 이러한 책을 기록할 수 있었던 원동력은 마음의 자세였습니다. "선을 행하는 삶"에서 시작된 것입니다. 내가 아닌 다른 이들을 위해 살고자 하는 마음입니다. 예수님의 사랑입니다. 선을 행하는 삶 속에는 죄를 이기는 강력한 힘이 있습니다. 죄의 권세가 얼마나 큰지 죄를 짓지 않으려 해도 죄 앞에서 쉽게 무너지는 것이 인간의 모습입니다.

결혼하지 않은 여성들은 자기중심적이고 이기적인 모습들이 많습니다.

그런데 결혼을 하고 아기를 낳고 나면 자기중심적이고 이기적인 마음이 어디로 갔는지 신기할 따름입니다. 아기 때문에 잠도 못자고 힘든 것들이 많아도 잘 이겨나가는 모습을 봅니다. 어디에서 이런 힘이 나올까요?

그 힘의 뿌리는 "선을 행하는 삶"입니다. 내가 아닌 다른 이들을 위해서 사는 삶속에서 나오는 힘입니다. 어떤 이론으로도 해석이 되지 아니하는 신비한 힘입니다.

예수님도 이 땅에 오신 목적이 선을 이루기 위함이었습니다. 예수님의 삶 자체가 선을 행하는 삶이었습니다. 하나님의 본질은 선이고 사랑입니다. 진정한 사랑은 선을 행하는 마음에서 나오는 것입니다. 사람만이 가질 수 있는 유일한 특권이 선을 행하는 마음입니다.

-선을 행할 때는 지혜가 필요합니다-

선을 행함에 있어서 중요한 것은 "어떻게 선을 행할 것인가"입니다.
먼저 인간 존재에 대한 인식이 필요합니다. 인간은 만족을 모르는 존재이고 욕심도 끝이 없습니다. 그렇기에 선을 행할 때 어떻게 행할 것인가를 생각해 봐야 합니다.

누군가에게 도움을 주고자 합니다. 100만 원으로 어떤 사람에게 도움을 주고자 한 번에 도움을 주는 방법과 10번을 나누어서 주는 방법 중에서 상대방은 어느 것을 더 고마워할까요? 후자입니다. 10번 나누어서 주는 것을 더 고맙게 여깁니다. 선을 행함에 있어서도 지혜가 필요한 것입니다.

"선을 행하는 삶"이 막연히 이웃들에게 잘해 주는 것이 아니라 선을 행하기 위해서 많은 생각을 해야 합니다. 그만큼 선을 행한다는 것이 어렵다는 말입니다.

존경하는 김진홍 목사님의 이야기입니다.

목사님이 두레교회를 담임하실 때, 그 때 나온 설교는 거의 다 들었습니다. 책도 상당히 읽었습니다. 목사님은 "남을 위해서 열심히 살다 보니 돌아오는 것이 배신"이었다는 고백을 했습니다. 목사님의 저서 "새벽을 깨우리라"에 나오는 이야기입니다.

나름 뜻을 갖고 선을 행하려고 열심히 살다보니 감옥에 있더라는 겁니다. 그냥 여기서 성경 읽다가 죽으면 순교이겠지 하고 성경을 읽기 시작했습니다. 감옥에서는 낮에만 성경을 읽을 수 있어서 읽으니 일주일 만에 한 번을 다 보더라는 겁니다. 그때 후회를 많이 하셨답니다.

"왜 그리도 바쁘게 살았노."

"뭐가 그리도 바빠서 목사가 되어서 한 주일이면 다 읽을 성경을 읽지도 않고 필요 없는 일에 바쁘게 살았을까" 후회를 하면서 성경을 열심히 읽기 시작했답니다. 성경을 읽다가 살아계신 하나님을 만났습니다. 그 후로 목사님은 새로운 삶을 살았다는 고백을 듣고는 많은 감동을 받았습니다.

단순히 잘해주고 도와주는 삶이 선을 행하는 삶이 아닙니다. 그 사람이 성경을 읽도록 해야 되고, 성경을 바로 가르쳐야 합니다. 성경을 통해서 예수님을 만나도록 하는 것이 진정 선을 행하는 삶입니다.

성공한 사람들이 공통적으로 하는 말이 있습니다. 책을 많이 보는 것이 성공의 가장 빠른 길이라는 것입니다. 『초의식 독서법』의 저자인 김병완 작가도 같은 고백을 했습니다. 김병완 작가는 좋은 직장을 그만두고 인생의 의미를 알고자 도서관에서 만권의 책을 읽은 후에 삶의 변화와 새로운 인생이 열렸음을 고백합니다. 그분의 다른 책인 "48분 기적의 독서법"에서도 강조하는 것이 독서가 인생을 변화시키는 가장 좋은 방법이라는 겁니다.

인간이 할 수 있는 가장 위대한 행위는 독서입니다. 안타깝게도 우리나라 사람들은 책을 너무나 읽지 않습니다. 더 아쉬운 것은 기독교인들도 마찬가지입니다. 이렇게 반박할 수도 있습니다. 책은 무슨 책 성경만 읽으면 되지. 맞는 말입니다. 그러나 성경도 책이고, 성경을 이해하기 위해서는 성경 아닌 다른 책들이 필요하다는 것입니다. 당연히 많이 봐야 될 책은 성경입니다. 만약에 시간이 없다면 성경만 봐도 됩니다.

　-성경을 읽는 것이 변화의 시작입니다-

　성경을 어느 정도 이해하고 나서 다양하게 다른 책들을 읽어 본 결과는 "성경의 위대함"입니다. 성경 안에 자기계발서의 원리가 다 들어 있습니다. 역사도 들어 있습니다. 철학도 들어 있습니다. 특히 복음서에 나오는 예수님의 말씀은 더 위대합니다. 말씀을 읽으면 읽을수록 감탄되는 것이 어떻게 짧은 글 안에 그렇게도 많은 의미를 담아 낼 수 있을까입니다. 더 놀라운 것은 짧고 쉽게 기록되었다는 겁니다. 너무나 쉬워서 믿어지지 않을 정도입니다.

　요한복음 14장 27절 말씀도 마찬가지입니다. 평안을 주노라, 마음에 근심하지 말라, 담대하라!
　정말로 짧고 쉬운 말입니다. 이렇게 단순할 수 있을까요. 그러나 그 말 속의 능력은 대단합니다.
　더 놀라운 사실은 이 말들이 진실이라는 것입니다.

행복과 불행의 차이는 무엇일까요?

행복은 가장 가까이에 있습니다. 행복의 시작은 나로 부터입니다. 내면의 변화가 행복을 만들어 냅니다. 세상에서 말하는 행복과는 다른 의미입니다. 우리의 영혼까지 변화되는 것입니다.

예수님 안에는 행복이 있습니다.
예수님 안에는 평안과 기쁨이 있습니다.
예수님 안에는 꿈이 있습니다.
예수님 안에는 미래가 있습니다.

어디에서 이런 것들을 찾을 수 있을까요?

가장 가까이에 있습니다. 성경 안에 있습니다. 이것이 믿어지고 깨달아 질 때 인생의 변화가 시작됩니다. 행복은 멀리 있는 것이 아니라 가장 가까이에 있습니다.

성경 안에 있습니다!

3) 기도! 매뉴얼

(요 15:1-7)

성경을 보면서 가장 궁금했던 것은 "예수님은 어떤 분이실까?"입니다.

성경 안에서 가장 만나고 싶었던 분은 당연 예수님입니다. 예수님의 외모와 능력을 행하시는 모습 그리고 목소리, 모든 것이 궁금했습니다. 이러한 모습보다도 시간이 흐를수록 더욱 새롭게 깨달아지는 것은 "예수님의 대화" 하는 모습입니다.

예수님은 어떻게 이런 대화를 할 수 있을까?

예수님은 평범한 대화 속에서 어떻게 이런 진리에 도달할 수 있을까?

-쉽게 얻어지는 것은 없습니다-

요한복음 15장에 나오는 포도나무 비유도 마찬가지입니다. 누구나 쉽게 볼 수 있는 포도나무를 통해서 하나님과 예수님과 우리와의 관계를 설명하고 있습니다.

어떻게 하면 하나님과 우리와의 관계를 잘 설명 할 수 있을까에 대해서 오랫동안 고민해 오던 저에게는 요한복음 15장에 나오는 포도나무의 비유는 참으로 놀라웠습니다.

우와! 어찌 이렇게도 쉽게 설명할 수 있을까!

놀라움 그 자체였습니다.

요한복음에 나오는 예수님과 사람들과의 대화를 자세히 살펴보았습니다. 마찬가지였습니다. 놀라움의 연속이었습니다. 이전에는 보이지 않았던 것들이 다시 보이기 시작했습니다. 충격이었습니다. 예수님이 하신 말씀들이 새롭게 보였습니다. 복음서를 다시 확인했습니다. 마태 마가 누가복음에 나오는 예수님의 대화 장면을 보았습니다. 마찬가지였습니다. 놀라움 그 자체였습니다.

책을 쓰는 작가가 되고자 훈련하는 것이 있습니다. 책의 핵심내용과 좋은 문구들을 찾아서 필사를 합니다. 온전히 내 것으로 만들기 위해서 그 내용을 세심히 보고, 손으로 직접 적어봅니다. 그리고 나서 나만의 방법으로 노트북에 정리를 하고는 프린트를 합니다. 프린트한 내용을 읽어 봅니다. 반복해서 봅니다.

이러한 훈련의 장점은 필력 향상에 도움이 된다는 것과, 깊은 사색이 가능하다는 것입니다. 저는 필력보다는 깊은 사색, 깊은 철학을 하기 위함입니다. 생각하고 또 생각하고 다시 생각해 봅니다. 누워서 생각하고 기도하면서 생각하고 걸으면서 생각해 봅니다. 그렇게 생각한 것들이 시간이 지나고 나면 저도 모르는 사이에 정리가 되어 있는 것을 봅니다. 정리가 되고 나면 빈 노트에 다시 적습니다. 완전히 나의 것이 될 때까지 이런 작업을 반복합니다.

왜 이러한 작업을 하는가 하면 깊은 사상과 철학들은 쉽게 얻어지는 것이 아니기 때문입니다.

이런 과정을 통해서 깨달음을 얻게 된 책을 사람들에게 읽어 보라고 권하고 때로는 선물로 줍니다. 그리고 그들의 생각을 들어 봅니다. 그들의 대답은 이건 이렇고 저건 저렇고 온통 부정적인 생각과 말 뿐이거나, 작가의 의도를 알지 못하는 경우를 봅니다.

그 분에게 책을 주면서 이 책은 제가 정독으로 3번 이상 읽은 책입니다. 필사도 많이 했었고요. 이 책이 쉬운 것 같지만 깊은 뜻을 찾기는 쉽지 않을 겁니다. 말을 하고나서 책을 선물로 줍니다. 아니라 다를까 한 번 그것도 딱 한 번 읽어 보고는, 그것도 아주 편하고 빠르게 한 번 읽어보고는 모든 것을 다 아는 듯 말을 합니다. 제가 그분이 그렇게 읽은 정도로 따진다면 최소 10번 이상 아니 20번 이상 읽은 정도입니다.

그렇게 읽고 생각하고 사색을 해도 그 뜻을 찾기 힘들었는데 어떻게 그리도 쉽게 알아질까요?

　-겸손이 최고의 덕목입니다-

　시간이 갈수록 사람들은 사색하는 것을 싫어합니다. 시대의 영향이 크다고 봅니다. 가장 안타까운 것은 성경을 볼 때도 그렇다는 겁니다. 더 안타까운 것은 "말씀을 전할 때"도 이러한 모습들이 나타난다는 것입니다. 깊은 생각과 사색이 없는 설교입니다. 책을 참고하고 주석을 참고하고 예화를 참고해서 귀에 듣기 좋은 설교를 한다는 것입니다. 설교를 한다는 것은 강단에서 내 생각을 말하는 곳이 아닙니다. 어떠한 사람을 공격하기 위해서 화풀이 하는 곳도 아닙니다. 대충 시간만 때우는 곳도 아닙니다. 말씀이 아닌 것으로 이리 저리 좋은 말을 만들어서 말하는 곳도 아닙니다. 나의 감정을 이야기하는 곳도 아닙니다. 간증으로 사람들 마음을 움직여서 감동을 받게 하는 곳도 아닙니다. 할 수 있다, 하면 된다란 성공의 법칙을 이야기 하는 곳도 아닙니다. 좋은 영상이나 음악으로 감동을 주는 곳도 아닙니다.

　"살아계신 하나님의 뜻을 전하는 곳이요, 진리를 전하는 곳"입니다.

이렇게 하지 못하는 가장 큰 이유는 하나님을 모르기 때문입니다. 하나님을 만나지 못했기 때문입니다.

하나님 앞에서 말하는 자세는 어떤 자세여야 할까요?

중요한 자리에 가서 내가 하고 싶은 말을 다 합니까. 아니면 미리 이야기 할 것을 준비하고 핵심만 이야기합니까.

예를 든다면 왕이 지배하던 시절에 왕을 만나러 간다면 어떻게 해야 합니까? 왕의 허락 없이는 왕 앞에 함부로 나서면 안 됩니다. 허락 없이 나서면 생명이 위험해집니다. 왕이 허락해야 가까이 갈 수 있습니다. 왕 앞에서 이야기를 할 때에는 고개를 들고 눈을 마주치면서 말을 해서도 안 됩니다. 말도 조심해야 합니다. 인간인 왕 앞에서도 이렇게 하는데, 하물며 하나님이 인간보다 못한 존재입니까?

전지전능하신 하나님 앞에서 말씀을 전할 때는 어떤 자세여야 할까요 깊은 고민을 해 봐야 합니다. 말씀이 얼마나 좋은가 내용이 있는가 감동이 있는가는 두 번째 문제이고 중요한 것은 그 사람의 마음가짐과 태도입니다.

성경을 얼마나 많이 알고 있는가 보다 그 사람의 마음가짐이 더 중요합니다.

여호와를 경외하는 삶, 하나님 앞에서 사는 삶이 중요합니다. 이것이 성경을 읽는 가장 큰 목적입니다. 우리가 성경을 알아야 하는 가장 큰 이유는 "여호와 경외하기를 배우기 위함"입니다.

"평생에 자기 옆에 두고 읽어 그의 하나님 여호와 경외하기를 배우며 이 율법의 모든 말과 이 규례를 지켜 행할 것이라."(신 17:19)

"또 너희가 요단을 건너가서 차지할 땅에 거주할 동안에 이 말씀을 알지 못하는 그들의 자녀에게 듣고 네 하나님 여호와 경외하기를 배우게 할지니라."(신 31:13)

신앙생활에서 가장 우선시 되어야 할 것은 성경의 권위를 인정하고 하나님의 말씀이라는 고백이 있어야 합니다. 그러한 마음가짐이 먼저입니다.

성경에 등장하는 믿음의 사람들의 특징을 보면 그들의 능력과 지혜보다 마음가짐이 겸손하고 온유 했습니다. 요셉은 참으로 뛰어난 사람입니다. 그 지혜와 명철도 대단했습니다. 그보다 더 위대한 것은 하나님 앞에서의 마음가짐, 겸손입니다. 다니엘도 마찬가지입니다. 예수님도 마찬가지입니다. 하나님을 경외하는 마음 중에서 겸손이 최고의 덕목입니다. 잠언에서도 이러한 것을 많이 강조하고 있습니다.

"진실로 그는 거만한 자를 비웃으시며 겸손한 자에게 은혜를 베푸시나니."(잠 3:34)

"여호와를 경외하는 것은 지혜의 훈계라 겸손은 존귀의 길잡이니라."(잠 15:33)

"사람의 마음의 교만은 멸망의 선봉이요 겸손은 존귀의 길잡이니라."(잠 18:12)

"겸손과 여호와를 경외함의 보상은 재물과 영광과 생명이니라."(잠 22:4)

"사람이 교만하면 낮아지게 되겠고 마음이 겸손하면 영예를 얻으리라."(잠 29:23)

겸손은 존귀의 앞잡이입니다. 겸손한 사람들은 하나님이 인생의 길을 열어 주십니다.

겸손한 사람들에게 기도의 문을 열어주십니다. 기도의 놀라운 특권을 주십니다.

겸손과 여호와를 경외함의 보상은 재물과 영광과 생명입니다. 겸손한 자가 되면 이 땅에서 살아갈 때 얻을 수 있는 최고의 것들을 다 얻을 수 있습니다.

－기도의 매뉴얼을 성경에서 찾아야 합니다! －

"그가 내 안에, 내가 그 안에 거하면 사람이 열매를 많이 맺나니 나를 떠나서는 너희가 아무 것도 할 수 없음이라."(요 15:5)

예수님 안에 거할 때 많은 열매를 맺습니다. 예수님을 떠나면 아무것도 할 수 없습니다. 나는 아무것도 아니지만 예수님과 함께 한다면 큰 일도 해 낼 수 있습니다.

하지만 예수님을 떠나면 아무것도 아닌 사람이 되고 맙니다. 참으로 두려운 말씀입니다.

"사람이 내 안에 거하지 아니하면 가지처럼 밖에 버려져 마르나니 사람들이 그것을 모아다가 불에 던져 사르느니라."(요 15:6)

예수님 안에 거하게 될 때 놀라운 약속을 해 주셨습니다. 기도에 대한 약속입니다. 무엇이든지 원하는 대로 구하면 응답해 주시겠다는 약속입니다.

기도는 내가 하는 것이 아니라 하나님이 들어 주시기 때문에 할 수 있는 것입니다. 우리들은 항상 고민하고 생각해 봐야 합니다. 과연 하나님이 나의 기도를 들어 주실까란 질문과 함께 많은 고민을 해 봐야 합니다.

기도란 하나님의 뜻을 이루어가는 것입니다. 그 뜻을 한 번에 이루어가는 것이 아니라 조금씩 이루어가는 것입니다. 조금씩 가지만 어느 순간에 하나님의 온전한 뜻까지 갈 수 있고 그렇게 되었을 때 하나님의 놀라운 역사가 일어납니다.

많은 이들이 고백을 합니다. 하나님이 기도를 들어주셔서 이렇게 되었다, 이만큼 부흥했다고 고백합니다. 정말 하나님의 영광인지 자신의 자랑인지 분간이 안 될 때도 많습니다!

기도의 매뉴얼을 성경에서 찾아야 합니다!

그렇기 때문에 성경을 가까이 해야 합니다. 성경을 가까이 하지 않고 기도만 한다면 그 사람은 자기 착각 속에 빠지기 쉽습니다. 성경 안에는 많은 신앙인들이 기도하는 모습이 나옵니다. 그들이 기도를 어떻게 응답받았는지, 하나님은 어떻게 그 기도를 응답해 주셨는지를 봐야 합니다. 그러면서 하나님의 마음과 하나님의 뜻을 찾아야 합니다. 이러한 훈련 없이 그냥 기도만 하다보면 자신 속에 빠지는 기도를 하게 됩니다. 자신 속에 빠지게 되면 교만해 집니다. 자신만이 옳고 자신의 생각과 기준이 응답의 조건이 됩니다. 이러한 사람들의 특징은 사람들과의 관계가 안 좋다는 것입니다.

기도! 놀라운 특권이 있습니다.

우리가 사용하는 스마트폰을 만들 때 어떻게 만들까요? 수많은 부품으로 이루어져 있습니다. 그냥 만들어지는 것이 아니라 매뉴얼이라는 것을 토대로 만들어 집니다. 저는 사진 찍는 것을 좋아합니다. DSLR의 상급 기종으로 가면 그 매뉴얼을 먼저 철저히 익혀야 합니다. 그 다음에 내가 원하는 방향대로 응용을 하면 됩니다.

기도도 마찬가지입니다. 먼저 매뉴얼을 익혀야 합니다. 매뉴얼을 모른 채 기도를 하면 발전이 없습니다. 아니 잘못된 형태의 기도로 가기 쉽고, 안타까운 것은 그 사실을 자신이 모른다는 겁니다. 그것이 습관이 되고나면 그때에는 정말 고치기 힘들어집니다.

기도에는 놀라운 특권이 있습니다. 그러나 매뉴얼로 가야 합니다. 성경으로 가야 합니다. 성경 속에는 기도에 대한 자세한 매뉴얼이 있습니다. 그것을 참고해서 기도라는 무기를 사용하면 놀라운 특권을 발휘할수 있습니다.

기도! 놀라운 특권을 꼭 활용하시기를 바랍니다.

삶이 힘드신가요?
아무 희망도 보이지 않으신가요?

하나님은 살아 계십니다!
가장 가까이에서 나와 함께해 주십니다!

"너희가 내 안에 거하고 내 말이 너희 안에 거하면 무엇이든지 원하는 대로 구하라 그리하면 이루리라."(요 15:7)

예수님은 약속해 주셨습니다. 반드시 함께 해 주시겠다 약속해 주셨습니다.
여호수아처럼 담대히 믿음을 가지고 나아가시기 바랍니다.
하나님이 반드시 해결해 주신다는 선포를 하시기 바랍니다.
하나님은 살아 계시고, 우리들의 기도에 응답해 주십니다.

기도! 놀라운 특권이 있습니다.

4) 당신이 뭐길래!

(요 15:8-12)

-하나님과 사람은, 사랑! 그 자체입니다-

요한복음 14, 15, 16장에서 예수님이 직접적으로 당부한 것은 두 가지입니다.

첫 번째는 서로 사랑하라는 것이고, 두 번째는 기도에 대한 당부입니다. 사랑과 기도입니다. 이 두 가지는 밀접한 관계가 있습니다. 연관성이 많다는 겁니다. 사랑하기 위해서는 기도가 따라와야 되고, 기도의 강력한 힘에 의해서 사랑이 이루어진다는 것입니다.

"새 계명을 너희에게 주노니 서로 사랑하라 내가 너희를 사랑한 것 같이 너희도 서로 사랑하라."(요 13:34)

예수님은 새로운 계명을 주셨습니다. 모든 계명을 완성 하셨습니다. 그것은 예수님이 우리들을 사랑하신 것 같이 우리도 서로 사랑하는 것입니다.

하나님은 어떤 존재일까요.
하나님은 사랑 그 자체입니다.

"사랑하는 자들아 우리가 서로 사랑하자 사랑은 하나님께 속한 것이
니 사랑하는 자마다 하나님으로부터 나서 하나님을 알고, 사랑하지 아
니하는 자는 하나님을 알지 못하나니 이는 하나님은 사랑이심이라."
  (요일 4:7-8)

하나님은 사랑입니다. 요한이 깨달은 바입니다. 누구나 다 아는 사실
입니다. 누구나 고백하는 사실입니다. 그렇다면 무엇이 다를까요? 이론
적으로 아는 것이 아닌 실질적인 만남이 있었다는 겁니다. 요한은 하나
님을 만났고, 그 깊은 만남 속에서 울려 나오는 고백입니다. 아주 귀한
고백입니다. 우리도 요한처럼 하나님과 만남이 있어야 되고, 이러한 고
백을 할 수 있어야 됩니다.

"하나님은 사랑이시라."

사람들은 하나님의 형상으로 지음 바 되었습니다. 사람들에게 가장

중요한 것은 사랑입니다. 사람도 "사랑" 그 자체입니다. 과학이 발달할 수록 사랑의 의미를 잃어가고 있습니다. 사랑은 참으로 귀한 것입니다.

사람도 하나님과 같이 "사랑" 그 자체입니다.

사람은 이 세상에 태어나면 사랑을 받아야지 살 수 있는 존재입니다.

태어나서 자라는 동안 많은 손길이 필요하고, 부모의 사랑이 절대적입니다. 이때에 아이들의 모든 정서가 형성된다고 합니다. 아이들에게 가장 필요한 것은 부모의 사랑입니다.

청소년기 이후에는 이성에 눈을 뜹니다. 서로 사랑을 하게 됩니다. 젊은이들의 사랑은 강렬하고 뜨겁습니다. 이러한 사랑이 드라마와 영화, 소설, 문학의 주제입니다. 사랑함으로 서로가 함께 살아갑니다. 사랑함으로 아이를 낳습니다. 아이들을 향한 부모의 사랑 또한 대단합니다. 자식들을 위해서 모든 것을 희생 하고, 후에는 모든 것을 자식들에게 물려줍니다. 그렇게 하고서도 아깝지 않은 마음이 부모의 마음입니다. 인생 자체가 사랑입니다.

"사람도 사랑 그 자체입니다. 이것이 하나님의 형상이라는 강력한 증거입니다 그렇기에 성경이 위대한 책입니다."

사람들에게 있어서 가장 귀한 것은 사랑입니다. 예수님은 큰 진리를 말한 것이 아닙니다. 평범한 진리를 말씀 하셨습니다. 사람의 본성을 아주 잘 표현하셨습니다.

사람은 사랑할 때 가장 행복해지고, 사랑으로 인해서 생명력이 더 강해집니다. 그 어떤 것으로도 채워지지 않습니다.

−사랑 사랑 말한다고, 사랑이 이루어지는 것은 아닙니다−

요즘 사람들은 너무나 바쁩니다. 왜 그리 바쁜지…

아이들 어른들 할 것 없이 스마트폰만 보고 삽니다. TV만 보고 삽니다. 도무지 대화라는 것이 없습니다. 서로에게 터치해 주는 것도 없습니다. 서로를 바라보는 따뜻한 눈빛도 없습니다.

과학적으로도 증명되고 있습니다. 사람들에게 유익을 줄 것 같은 스마트폰, TV들이 얼마나 안 좋은지 증명되고 있습니다. 우리 뇌에는 아주 치명적입니다. 특히 무서운 것이 중독입니다. 담배 마약만큼 무섭다는 겁니다. 어린아이들에게는 더욱 안 좋습니다. 청소년들도 마찬가지입니다. 어른들도 예외는 아닙니다. 사람들에게 가장 이로운 것은 독서입니다. 독서 중에서도 성경을 읽는 것이 가장 좋습니다.

하나님의 형상으로 지은 바 됨 사람은 사랑 그 자체이기 때문에 사랑할 때가 가장 행복한 순간입니다. 어떤 것도 대신 할 수는 없습니다. 그런데 왜 사람들은 사랑하지 못하는 걸까요?

사랑을 모르기 때문입니다. 계명을 모르기 때문입니다. 온전한 사랑을 이해하기 위해서는 계명을 바로 알아야 되고, 예수님을 만나야 합니다.

"진리를 알지니 진리가 너희를 자유롭게 하리라."(요 8:32)

진정한 자유는 진리를 알 때, 하나님의 말씀을 알게 될 때 주어지는 선물입니다. 계명을 알 때 사랑을 알 때 주어지는 것입니다. 사랑과 계명은 절대 떨어질 수 없는 것입니다.

교회들마다 많은 갈등이 있습니다. 지금은 더 심각합니다. 아마도 지금 이 글을 읽고 있는 대다수 분들도 겪고 있을 것입니다. 가장 큰 원인은 사랑이 식었기 때문입니다. 사랑이 없기 때문입니다. 좀 더 정확히 말씀드리면 계명을 알지 못해서입니다. 사랑 사랑 말한다고 사랑이 이루어지는 것은 아닙니다. 사랑의 기초인 계명을 온전히 알 때 계명의 열매인 사랑을 얻을 수 있습니다. 예수님도 서로 사랑하라 하셨습니다. 서로 사랑한다는 것은 서로가 계명 안에서 사랑한다는 의미입니다. 계명을 바로 알고 계명대로 살다보면 그 열매로 나타나는 것이 사랑입니다.

개인이나 가정이나 교회에 어떤 문제로 인해서, 아픔과 갈등이 있다면 그 해결책은 사랑입니다. 계명을 지켜서 사는 것입니다. 그렇기 때문에 하나님의 말씀이 소중한 것입니다. 계명을 무엇을 하라, 무엇을 하지 마라 이렇게만 생각해서는 안 됩니다. 그 이상의 많은 의미가 있습니다.

돈을 벌기 위해서는 고생을 해야 한다는 것을 다 아는데, 진리를 얻기 위해서 고생을 해야 한다는 것을 왜 모를까요? 진리는 거저 얻어지는 것이 아닙니다. 계명을 알기 위해서, 하나님의 말씀을 알기 위해서는 많은 노력과 희생이 필요합니다. 그 결과로 진리를 알게 되는 것이고, 진리의 힘이 계명을 이루게 해 줄 것이고, 그때에 사랑의 역사가 일어납니다. 놀라운 기적이 일어납니다. 놀라운 역사가 일어납니다.

-가슴 아픈 이야기-

가족들 간에 갈등이 있어 힘들어 하는 가정을 봅니다. 그 상황을 듣기만 해도 막막합니다. 어떻게 해야 갈등을 해결할 수 있을까? 도무지 해결 방안이 없는 것 같습니다. 해결되기 보다는 시간이 갈수록 갈등은 더 심해질 것 같습니다.

가족들 간의 갈등을 해결할 수 있는 유일한 방법은 서로 사랑하는 것입니다. 그러나 아쉽게도 사랑을 너무나 쉽게 생각하는 것이 문제입니다. 계명에 대해서 하나님의 말씀에 대해서 바로 알지 못하고서는 사랑을 절대로 알 수 없습니다.

말씀을 무시한 채 기도만 열심히 한다고 해결되는 문제가 아닙니다. 기도가 좋은 대안은 맞습니다. 그러나 계명을 무시한 채로 기도만 하는 것은 잘못된 자세이고, 그렇게 가다 보면 잘못된 길로 가기 쉽습니다. 기도에 대한 바른 이해가 필요합니다. 계명과 기도는 같이 가야 합니다. 계명 없이 그 문제를 해결하려다 보면 그 문제가 더 커지는 경우가 많습니다.

"사람이 귀를 돌려 율법을 듣지 아니하면 그의 기도도 가증하니라."
(잠 28:9)

참 많은 의미를 주는 말씀입니다. 귀를 돌려 율법을 듣지 아니하면 그의 기도가 가증하다는 것입니다. 율법을 너무나 쉽게 생각하고, 계명을 너무나 쉽게 생각하는 것이 현 기독교의 문제라 봅니다. 누구보다도 더 처절하게 느낀 것이 저이기에 가슴 깊숙한 곳에서 우러나오는 말입니다.

저는 교회를 다니면서 아버지와 갈등이 아주 심했습니다. 아니 어릴 적부터 아버지를 그다지 좋아하지 않았습니다. 얼마나 힘들게 하는지… 너무나 싫었습니다. 교회를 다니면서는 더 심해졌습니다.

아버지에 대한 기도를 많이 했습니다. 정말로 많이 했습니다. 밤마다 교회에서 살다시피 하면서 기도를 했습니다. 밤에 가서 새벽까지 기도하려고 무지 노력했습니다. 사실 기도라기보다도 기도하다 지쳐서 그냥 잠든 세월이 더 많았던 것 같습니다. 기도원에도 많이 다녔습니다. 너무 비정상적인 삶이었던 것 같습니다. 다행히 제가 다닌 기도원은 교역자들에게 편의시설을 잘 제공해 주었습니다. 개인적인 숙소도 저렴하게 제공해 주었고 기도하기도 좋았습니다. 산에 올라가서 기도하다가 지치면 산을 올라가면서 많은 생각을 했습니다. 뒤 늦게 깨달은 것은 이런 세월을 너무나 많이 보내다 보니 공부를 많이 못한 것이 아쉬웠습니다. 성경을 많이 읽지 못한 것이 안타까워습니다. 젊었을 때 조금만 더 일찍 깨달아도 지금보다도 더 좋은 실력자가 되었을 것이라는 후회를 많이 합니다.

이러한 생활을 오래하다 보니 교만한 마음이 많았던 것 같습니다. 그 시절에도 성경을 많이 보았고, 말씀에 대한 기도도 많이 했던 터라 스스로가 성경을 잘 안다고 자만했었고, 무엇보다도 영적인 체험들이 많았습니다. 저의 교만하고 잘못된 방향으로 가던 것이 무너진 때는 "교통사고" 이후입니다.

동생하고 동생친구하고 금요일마다 가는 철야가 있었습니다. 출발 전에 눈이 날리기 시작했습니다. 제가 사는 지역은 눈이 많이 안 오는 지역이라 괜찮겠지 하고 출발했습니다. 제 생각과는 다르게 눈이 많이 온 것입니다. 터널을 지나고 밖으로 나오는 순간 트럭이 저의 차 옆을 살짝 들이박고는 그냥 가버렸습니다. 미끄러운 길이라 핸들의 주도권을 잃고 말았습니다.

아! 더 이상 소용이 없구나, 이대로 죽는 것 아닌가!

두려움이 임했습니다.

그 시간이 15초가량 되었던 것 같습니다. 그러고는 쿵! 하는 소리와 함께 버스 밑으로 들어가 버렸습니다. 얼마나 놀랐는지….

다행히 크게 다치지는 않았습니다. 그런데 그 이후로 사고 후유증으로 얼마나 고생을 했는지 말로 표현 못할 정도로 몸이 망가졌던 것입니다. 오랜 시간을 생각해 보니 그렇게 아팠던 결과가 젊었을 때 너무 기도에 매여 산다고 몸을 혹사 시킨 결과였던 것 같았습니다. 그때 제가 아는 모든 것들이 무너지는 것 같았습니다.

"이제까지 살았던 세월이 과연 옳았던 것일까?"

많은 갈등과 고민의 결과 얻은 결론은 이것입니다.

"사람이 떡으로만 살 것이 아니요 하나님의 입으로부터 나오는 모든 말씀으로 살 것이라."(마 4:4)

그 결론은 "말씀으로 돌아가자"입니다.

스스로가 뼈저리게 체험한 것이라 다른 이들도 이런 아픔을 겪지 않았으면 하는 바람에서 글을 적게 된 것입니다. 인생의 기본과 본질은 "하나님의 말씀"입니다.

이스라엘 민족들도 광야 생활을 끝내고 하나님이 하신 말씀도 이것입니다. 사람이 먹는 것으로 사는 것 같지만 그것이 아니라는 겁니다. 하나님의 말씀으로 산다는 것입니다.

－당신이 뭐길래!－

다시 아버지의 이야기로 돌아가 볼까 합니다.

오랜 시간동안 아버지를 위해서 기도하면서 응답받은 것이 있습니다. 아주 확실한 응답입니다.

"부모를 공경하라는 것이었습니다."

"사랑과 계명을 주셨습니다."

그 시절 저의 꿈은 열심히 공부해서 세계적인 사역자가 되는 것 이었습니다. 그런데 하나님의 뜻은 아니었습니다. 가정으로 돌아가서 아버지를 공경하라는 것이었습니다. 그러면 하나님께서 제가 원하는 소원을 응답해 주시겠다는 겁니다. 참으로 받아들이기 힘들었습니다.

아! 어찌 이런 응답이 있을까! 란 생각을 오랫동안 했습니다.

저는 그 기도응답에 순종했습니다. 오랜 시간이 지나고 나서 보니 하나님의 계획과 뜻이 있었습니다. 예수님이 말씀하신 "새 계명을 주노니 서로 사랑하라"는 말씀을 깨닫게 되었고, 예수님을 만나는 사건이었습니다.

"목회자 이전에 인간이 되어라, 먼저 사람이 되어라"는 것입니다.

대다수 가정과 교회들의 문제는 "그 사람의 인격"의 문제입니다. 아이러니 하게도 문제를 일으키는 본인은 잘 모른다는 겁니다. 자기가 끝까지 옳다고 주장합니다. 그러고는 열심히, 아주 열심히 기도만 합니다.

기도의 결과로 더욱 담대해 집니다. 화해하지 않고 더 큰 다툼과 갈등으로 이어집니다. 악순환의 연속입니다.

"가장 중요한 것은 예수님의 마지막 당부처럼 서로 사랑하는 것입니다."

이 당부의 말씀은 그냥하신 말씀이 아닙니다. 전지전능하신 하나님이 낮아지셔서 사람이 되었고, 죽기까지 희생을 하시면서 하신 말씀입니다. 생명을 바치면서까지 당부하신 말씀입니다.

"그는 근본 하나님의 본체시나 하나님과 동등됨을 취할 것으로 여기지 아니하시고, 오히려 자기를 비워 종의 형체를 가지사 사람들과 같이 되셨고, 사람의 모양으로 나타나사 자기를 낮추시고 죽기까지 복종하셨으니 곧 십자가에 죽으심이라."(빌 2:6-8)

"당신이 뭐길래! 이렇게 간절히 당부하신 하나님의 말씀을 무시하는 겁니까!"

하나님의 심판은 우리가 어떠한 죄를 지어서라기 보다도, 하나님의 희생으로 맺어진 이 당부를 무시한 결과입니다. 창조주 하나님이 모든 것을 다 내어 주기까지 희생을 하셨는데 그것을 무시하고 살아온 죄가 가장 큰 죄가 아닐까요!

새로운 계명을 주셨습니다. 서로 사랑하는 것입니다. 서로 사랑하기 위해서는 계명을 바르게 알아야 합니다. 하나님의 말씀을 알아도 그만 몰라도 그만 그런 것이 아닙니다. 말씀을 바로 안다는 것은 죽고 사는 문제입니다. 영원한 생명을 얻는 문제입니다. 이러한 심각성을 우리들은 알고 각성해야 됩니다.

"복 있는 사람은 악인들의 꾀를 따르지 아니하며 죄인들의 길에 서지 아니하며 오만한 자들의 자리에 앉지 아니하고, 오직 여호와의 율법을 즐거워하여 그 율법을 주야로 묵상하는도다."(시 1: 1-2)

4. 우리의 미래는

1) 기도! 놀라운 특권

(요 15:13-16)

-모든 일에 질문과 답을 찾아야 합니다-

요한복음 14, 15, 16장에서 예수님이 직접 당부한 것은 두 가지입니다.

첫 번째는 서로 사랑하라는 것이고, 두 번째는 기도에 대한 당부입니다. 기도에 대한 것을 볼까 합니다.

신앙생활의 본질은 "말씀과 기도"입니다.

신앙생활에서 주의해야 될 것은 어떠한 사실에 대해서 분별없이 받아들이는 태도입니다. 신앙인들은 옳고 그름을 분별할 수 있어야 합니다. 이러한 것은 어느 누구도 가르쳐 주지는 못합니다. 스스로가 답을 찾아야 합니다.

신앙생활을 쉽게 생각하면 안 됩니다.

모든 일에 대해 끊임없이 질문을 해야 되고, 그 질문에 답을 찾고자 노력을 해야 합니다. 아주 작은 것부터 시작해야 합니다. 처음에는 어색하고 이렇게까지 할 필요가 있는가란 생각도 들 수 있습니다. 하지만 어느 정도 습관이 생기게 되면 "바라보는 눈"이 바뀝니다. 모든 것들이 새롭게 보이고 새로운 관점에서 재해석해 내는 힘이 생깁니다. 분별력과 통찰력이 생깁니다.

교회를 다니는 이유와 목적은 무엇일까?

교회를 다니면서 얻는 것과 잃는 것은 무엇인가?

교회 생활은 어떻게 하는 것이 좋을까?

교회에서 본질은 제대로 배우고 있는가?

예배는 제대로 드리고 있는가, 예배 중에서 하나님을 만나는가?

교회 사람들과의 관계는 좋은가?

교회생활에서 가장 중요한 일은 무엇일까?

이렇게 많은 질문을 해 보는 것이 좋습니다. 처음에는 머리로만 하지 말고 종이에 적어 보면서 하는 것이 좋습니다. 최소 50개 이상 나올 때까지 적어 봅니다. 100개를 추천해 드립니다. 이 정도는 해야지 실질적인 사고의 훈련이 되고, 분별력을 키우는데 도움이 됩니다.

내가 적은 것들을 봅니다. 중복된 것은 빼고, 새로운 질문을 추가해 봅니다. 오랜 시간을 두고 해야 합니다. 짧은 시간에 쉽게 해 버리면 효과가 없습니다. 계속적으로 질문을 다듬어 봅니다. 거의 다듬을 것이 없을 때 답을 생각해 봅니다. 중요한 팁을 드리면 답은 짧아야 됩니다. 길면 안 됩니다. 짧게 답을 적어 봅니다. 워드로 해도 되고 펜으로 해도 됩니다. 저는 손으로 하는 것을 추천 드립니다. 손으로 하게 되면 강한 집중력과 함께 사고력도 깊어지고 더 좋은 답들이 생각납니다. 오랜 인내와 시간이 필요합니다.

50개 이상 한다는 것 결코 쉽지 않습니다. 100개를 한다는 것은 처음 하시는 분들에게는 아주 힘든 일입니다. 오랜 시간이 걸릴 것입니다. 답을 적고는 다시금 그 답을 다듬어 봅니다. 최종적으로 만족할 만한 답이 나올 때까지 합니다. 답이 나오게 되면 그 다음부터가 중요합니다.

질문과 답을 줄여가는 과정입니다. 줄여가는 과정이 그냥 없애는 것이 아닙니다. 핵심이 무엇일까, 본질이 무엇일까를 고민하면서 줄여야 합니다. 처음에는 50%를 또 다시 50%를 이렇게 해서 10분의 1까지 줄여봅니다. 최종적으로는 3가지 질문으로 줄여야 합니다.

이런 과정을 통해서 본질을 보는 눈이 생깁니다. 깊은 사고력과 폭넓은 통찰력도 생깁니다.

"본질을 보는 눈이 강해집니다. 생각하는 법이 강해집니다."

이러한 과정을 계속 훈련하다 보면 삶을 바라보는 눈이 바뀌고 미래를 보는 눈도 달라집니다. 본질과 기본을 찾아내는 훈련입니다.

시편 1편에 복 있는 자는 주야로 묵상하는 자라 했습니다. 묵상하는 자란 어떤 성경구절을 두고 조금 생각하고 그 뜻을 찾아내는 수준을 이야기하는 것이 아닙니다. 말씀을 통해서 기본과 본질을 찾아가는 것입니다. 경건의 훈련입니다. 철학하는 과정이고, 사색하는 과정입니다.

－왕의 한 마디가 그 사람의 일생을 바꿉니다－

이것이 왜 중요한가 하면 "기도에 대한 올바른 이해" 때문입니다.

기도는 하나님과의 만남과 대화입니다. 하나님에 대한 올바른 인식은 "하나님은 내 친구"가 아니라는 겁니다. 나이가 아주 많은 어른들에게 어떤 태도를 취해야 될까요. 나이 많은 어른들에게 친구 대하듯이 함부로 대해도 되나요. 어른들에게는 존칭을 사용해야 되고, 친구처럼 반말을 해서는 안 됩니다.

직장에서 최고 경영자에게 내가 하고 싶은 말을 다 해도 되나요. 회장님을 만나게 된다면 해야 될 말에 대해서 충분히 생각하고 간결하고 짧게 말을 해야 합니다. 친구에게 하듯 말하고 내가 원하니 들어 달라 소리치지 않습니다. 만약 그렇게 한다면 당신은 그 직장을 그만 두어야 할 것입니다.

"하나님은 누구신가?"

이 질문의 답이 명확해야 합니다.

기도를 하기 전에 이것부터 정립해야 합니다. 기도를 듣는 대상이 누구인가요?

그냥 편하게 친구처럼 하면 되지, 뭐 그렇게까지 할 필요가 있느냐고 말할 수도 있습니다. 친구에게 하듯 어린아이처럼 순순하게 하면 되지 그렇게까지 할 필요는 없다고 생각할 수도 있습니다. 이러한 생각은 자기중심적이고 교만한 생각입니다. 하나님은 내가 갖고 노는 장난감이 아닙니다. 나의 종이 아닙니다. 하나님은 전능하신 분이시고, 창조주이십니다. 왕의 왕, 주의 주입니다.

"이제부터는 너희를 종이라 하지 아니하리니 종은 주인이 하는 것을 알지 못함이라 너희를 친구라 하였노니 내가 내 아버지께 들은 것을 다 너희에게 알게 하였음이라."(요 15:15)

예수님이 말씀하시기를 이제부터는 종이라 하지 않고 친구라 했습니다. 현 시대에는 이러한 의미가 그다지 의미심장하게 다가오지 않습니다.

시대가 다르기 때문입니다. 그 시대에는 주인과 종이 있던 시대요, 왕이 다스리던 시대입니다. 왕은 절대 권력의 상징이었고, 신과 같은 존재였습니다. 그 힘과 권력은 대단했습니다.

왕이 아무 보잘 것 없는 이에게 고맙다는 말과 함께 나를 지켜 달라 한다면 그 사람은 어떤 심정이겠습니다. 아무것도 아닌 나에게 이렇게까지 해 준 왕에 대해서 눈물과 함께 절대적인 충성을 맹세할 것입니다. 목숨을 다해서 왕을 지켜줄 것입니다. 지금은 이해가 되지 아니하나 이것이 왕과 신하의 관계입니다. 왕의 한마디가 그 사람의 일생을 바꾸는 계기가 될 것입니다.

성경에 나오는 시대는 우리가 영화에서나 볼 듯한 그런 세상이었습니다. 그들은 하나님을 왕보다 더 위대한 분으로 생각했습니다. 그렇기에 그들은 이러한 말씀을 들었을 때는 그 말씀이 혁명과도 같은 말씀이었습니다. 어찌 왕보다 더 높은 하나님이 나 같은 존재에게 친구라는 말씀을!….

감격과 함께 절대적인 충성으로 이어졌던 것입니다. 지금은 상상도 할 수 없는 일입니다.

이것이 깨달아지는 순간, 그 시대 신앙인들의 모습을 새롭게 보았던 것입니다. 사도들의 모습을 새롭게 본 것입니다. 그리고는 할 말이 없어졌습니다. 오래전부터 왜 지금은 예전처럼 큰 인물들이 나오지 않을까 란 질문을 했습니다. 이것이 깨달아진 것입니다.

아, 없는 것이 정상이구나!

신앙생활에서 가장 위험한 것은 "자기 속에 갇히는 것"입니다.

이렇게 될 때 나타나는 현상은 자기 자신에 대해서 과대포장과 합리화를 합니다. 기준이 없기 때문에 자기가 기준이 되어 버립니다. 자신이 옳다고 합리화를 해 버립니다. 자기가 우상이 되어 버립니다.

성경을 바로 이해하고 진리를 깨닫게 될 때 나타나는 것은 "겸손함"입니다. 자기 속에 갇히는 것이 아니라 새로운 기준에 의해서 나를 보기 때문입니다. 앞에서 말씀드린 것처럼, 그 시대의 왕과 신하들의 충성을 본다면 자신에 대해서는 교만해 질 수 없는 것입니다. 부족하다는 말 이외에는 달리 할 말이 없는 것입니다.

-기도할 수 있는 특권을 주셨습니다-

처음에는 겸손하게 시작합니다. 그러나 조금 유명해 지고 자기들 곁에 사람들이 모이게 되면 바뀝니다. 기준을 잃어버리게 되고 자신의 기준대로 판단하고 합리화시켜 버립니다. 겸손함이 없기 때문입니다. 날이 갈수록 스스로에 대해서 포장을 합니다. 아무리 포장해도 속일 수 없는 것이 있습니다. 진리의 눈을 가진 이들은 그들의 메시지를 들을 때 분별할 수 있다는 것입니다.

아 중심을 잃었구나!
자신의 기준대로 가고 있구나!

하지만 본인은 깨닫지 못한 채 더욱 거짓과 포장으로 위선의 길을 갑니다. 현재 목회자들에 대한 많은 문제점들이 나타나고 있습니다. 특히 대형교회 목회자들의 문제입니다. 그들의 가장 큰 문제는 기준을 잃어버린 것이 아닐까요! 정말로 안타까운 현실입니다.

편리한 것과 행복은 다릅니다. 평안과 기쁨은 돈으로 살 수 있는 것이 아닙니다. 그 마음에 평안과 기쁨을 누리는 이들의 눈에는, 권력을 가진 자와 많은 것들을 가진 자들이 부럽지 않습니다. 왜냐하면 나와 함께 해 주시는 하나님이 계시기 때문입니다. 이것이 진리의 힘입니다. 예수님이 말씀하신 평안과 기쁨은 누린 자 만이 아는 특권입니다. 이 기적 같은 은혜가 있기를 기도드립니다.

예수님은 모든 것을 다 주시고 새로운 약속을 해 주셨습니다.

"기도할 수 있는 특권입니다."

"너희가 내 이름으로 무엇을 구하든지 내가 행하리니 이는 아버지로 하여금 아들로 말미암아 영광을 받으시게 하려 함이라."(요 14:13)

"내 이름으로 무엇이든지 내게 구하면 내가 행하리라."(요 14:14)

"너희가 내 안에 거하고 내 말이 너희 안에 거하면 무엇이든지 원하는 대로 구하라 그리하면 이루리라."(요 15:7)

"너희가 무엇이든지 아버지께 구하는 것을 내 이름으로 주시리라." (요 16:23)

"지금까지는 너희가 내 이름으로 아무것도 구하지 아니하였으나 구하라 그리하면 받으리니 너희 기쁨이 충만하리라."(요 16:24)

이것이 가능해진 것은 예수님이 우리들을 위해서 모든 것을 다 버리셨기 때문입니다. 십자가를 통해서 온전히 이루어 진 것입니다. 요한복음 17장은 예수님의 기도가 나옵니다. 이 말씀을 묵상해 보면 기도에 대한 좋은 기준이 될 수 있습니다.

"영생은 곧 유일하신 참 하나님과 그가 보내신 자 예수 그리스도를 아는 것이니이다."(요 17:3)

"내게 주신 아버지의 이름으로 그들을 보전하사 우리와 같이 그들도 하나가 되게 하옵소서."(요 17:11)

"그들을 진리로 거룩하게 하옵소서 아버지의 말씀은 진리니이다."
(요 17:17)

기도의 놀라운 특권을 누리면서 사는 우리들이 되기를 기도드립니다.

2) 권력의 맛과 그 끝은!

(요 16:1-13)

–우리 민족은 뛰어난 DNA를 가진 민족입니다–

기독교 역사는 어떤 역사일까요?

우리나라 기독교는 어떤 역사일까요?

역사를 이해할 때 역사관이 중요합니다. 역사에 대해서 어떤 눈을 가지고 역사를 바라보고 해석하느냐 입니다. 역사는 지나간 일입니다. 과거를 현재의 눈으로 어떻게 바라보고 해석하느냐 입니다. 역사의 교훈은 과거를 통해서 현재의 교훈을 되새기고 미래를 준비하기 위함입니다. 역사를 바로 안다는 것 중요한 일입니다.

역사관에 대해서 좋은 시야를 가진 분의 글을 소개해 볼까 합니다. 『나는 도서관에서 기적을 만났다』의 저자 김병완 작가의 글입니다.

"학교에서 한 공부는 여기서 말하는 공부와 본질적으로 다른 공부라는 점에 유념하자. 학교 공부는 조금 심하게 말해서 참된 공부는 아니다. 쉽게 설명하자면 조선 시대 선비들이 했던 공부가 참된 공부이다.

그리고 그들의 공부 덕분에 후손들에게 이어진 우수한 DNA 때문에 한강의 기적과 한국의 경제 성장이 가능했다고 생각한다. 조선 선비들의 엄청난 공부가 한민족에게 깊은 괸 물이 되어주었고, 강한 바람이 되어주었기 때문이다.

우리나라를 벤치마킹한 나라들이 수없이 많지만 한강의 기적이나 새마을 운동이나 한국의 경제 성장만큼 엄청난 도약을 이룬 나라는 하나도 없다. 그 이유는 그들의 괸 물과 바람의 깊이와 강도가 우리와 다르기 때문이다."

김병완-『나는 도서관에서 기적을 만났다』-아템포

다른 나라에서 우리나라를 평가할 때 가장 대표적인 것이 "한강의 기적"입니다.

1950년대 전쟁을 겪은 후에 모든 것이 무너진 빈민국인 나라가 놀라운 경제성장을 이룬 기적입니다. 한강의 기적을 이룬 배경에는 교회의 역할이 큽니다. 그 당시 한국교회도 폭발적으로 성장하던 때입니다. 교회가 왜 경제성장의 중요한 뼈대가 되었는가 하면 정신적인 면 때문입니다.

교인들은 매주일 마다 교회에 가서 성경을 접하게 됩니다. 성경을 통해서 생긴 청교도적인 삶이 성실하고 부지런한 삶을 살도록 만든 것이고, 성경에서 나온 "지혜"로 어려움을 극복하게 되었고 많은 나라들과의 경쟁력에서 살아남았던 겁니다.

경영은 치열한 전투의 현장과 같습니다. 살아남기 아주 힘든 무대입니다. 우리나라가 살아남았던 가장 큰 이유는 "성경에서 나온 지혜" 때문입니다.

지금 우리의 현실은 반대입니다. 교회가 약해지고 경제 또한 어려움으로 가는 가장 큰 이유는 성경의 능력을 잃어버렸기 때문입니다. 하나님의 말씀은 우리의 미래요. 죽느냐 사느냐의 선택입니다. 다시 우리들은 선택을 해야 합니다. 성경으로 돌아가야 합니다.

교회가 성경으로 돌아가서 온전히 회복되면 우리의 미래는 밝아지리라 봅니다. 교회가 힘을 잃어버려서 빛과 소금의 역할을 못한다면 이전의 아픈 역사는 되풀이 된다고 봅니다. 이것을 꼭 명심해야 됩니다.

일제 치하에서 뛰어난 선각자들이 많이 나왔습니다. 그 뿌리는 오늘 소개한 글처럼 조선시대 선비들이 했던 참된 공부에서 비롯되었습니다. 그들의 우수한 DNA가 영향을 끼쳤다는 겁니다. 조선 선비들의 엄청난 독서가 원동력이 되었다는 겁니다.

1900년 초에 뛰어난 선각자들이 많이 나온 이유는 우리 선조들의 독서와 탁월한 독서법의 영향입니다. 현재 교육이 무시하고 있는 인문고전의 뿌리가 성경과 결합되면서 엄청난 폭발이 일어난 것입니다.

아쉽게도 일본인들이 우리의 우수한 면들을 바꾸어 놓았습니다. 조선 선비들의 뛰어난 교육법을 말살한 것입니다. 더 안타까운 것은 일본인들이 남긴 잘못된 교육의 형태를 지금까지 그대로 이어온 것입니다.

이러한 부분에 대해 날카롭게 지적을 한 책이 있습니다. 이지성 작가의 리딩으로 리더하라, 생각하는 인문학입니다. 그 내용을 처음 접했을 때 다소 충격적이었습니다. 이것이 사실일까란 의문도 생겼습니다. 좀더 공부를 해 보니 사실이었습니다. 우리가 이러한 사실에 대해서 알아야 합니다. 이러한 책들은 꼭 읽어 보아야 합니다.

-다가 올 미래를 준비해야 합니다-

우리나라의 성공을 보고 다른 나라에서 모방을 해도 성공한 케이스가 없는 이유는, 우리의 뿌리에 대해서 잘 모르기 때문입니다. 지금도 경제적으로 성장하는 나라의 뿌리는 독서입니다. 올바른 독서법입니다. 그들은 독서를 통해서 세계를 이끌어 가고 지배하고 있습니다. 가장 대표적인 나라가 유대인입니다. 이스라엘 민족입니다. 앞으로 미래의 열쇠는 이스라엘 민족들에게 달려 있습니다. 참으로 뛰어난 민족이지만 또 한편으로는 무서운 민족들입니다.

우리나라는 오랜 세월동안 많은 아픔을 당한 민족입니다. 우리의 역사를 보면 평균적으로 30년마다 전쟁이 일어났다는 통계가 있습니다. 우리의 역사는 전쟁으로 인한 아픔의 역사입니다. 중국과 일본에게 끝없이 아픔을 당한 민족입니다. 지금 우리나라도 많은 아픔과 갈등이 있습니다. 가장 큰 원인은 잘못된 정치의 방향 때문입니다. 권력을 영적인 면으로 본다면 다르게 볼 수 있습니다.

왜 권력자들이 그 권력을 놓지 못하는 것일까요!

분명한 답은 "잘못된 권력의 끝은 비극"으로 간다는 것입니다. 멀리 볼 필요도 없습니다. 1950년대 이후 권력자들의 결말을 보면 됩니다. 지금 살아계신 분들 중에서 그들의 결말을 두 눈으로 똑똑히 본 사람들이 많이 있습니다. 권력을 쥐게 되면 절대로 인정을 못합니다. 나는 그렇게 되지 않을 것이다. 그러나 결국은 같은 길로 갑니다.

권력의 출발을 창세기에서 보고 싶습니다. 아담과 하와에게 유혹한 것이 "하나님과 같이 되어"입니다. 교만입니다.

"뱀이 여자에게 이르되 너희가 결코 죽지 아니하리라. 너희가 그것을 먹는 날에는 너희 눈이 밝아져 하나님과 같이 되어 선악을 알 줄 하나님이 아심이니라."(창 3:4-5)

단순히 뱀이 유혹했다는 것으로만 보면 안 됩니다. 그 속에는 많은 의미와 진리가 내포되어 있습니다. 인간의 본질을 이야기하는 것입니다. 끝없이 높아지고자 하는 마음이요, 하나님과 같이 되고자 하는 마음입니다. 중요한 것은 이러한 마음에 악한 영들이 역사한다는 것입니다.

"인간의 악 중에서 가장 큰 악은 전쟁입니다."

왜냐하면 합법적으로 사람을 죽이기 때문입니다. 인간이 범하는 가장 악한 일은 생명을 죽이는 것입니다. 전쟁이란 것은 생명을 죽이는 것을 아무렇지 않게 여깁니다. 마지막 때에도 대 전쟁이 일어날 것이라고 계시록에 기록되어 있습니다. 그때에는 세계역사 어느 전쟁보다도 더 비참한 전쟁으로 수많은 사람들이 죽을 것입니다.

"역사는 전쟁의 연속입니다."

너무나 가슴 아픈 일입니다. 그렇기에 우리가 성경을 바로 알아야 되고 미래를 대비해야 되는 것입니다. 지금 코로나바이러스로 인해서 교회가 이렇게 될 것이라는 것을 누가 알았겠습니까? 저는 앞으로 교회가 이렇게 될 것이라 예상은 했지만 이렇게 빨리 올 것이라고는 생각지 못했습니다. 이번 일로 인해서 가장 가슴 아픈 것은 생명이 죽거나 다친다는 겁니다. 어리석은 선택의 결과입니다. 이러한 현실적인 문제를 보고 한탄하기 보다는 영적인 실체를 봐야 합니다.

사람이 어떻게 사람이 죽는 것을 보고도 아무 감각이 없을까요?

"이것이 권력이 주는 유혹입니다. 악의 유혹입니다!"

지금이 정말로 중요한 때입니다. 어쩌면 우리나라가 이러한 일에 시작이 아닐까 합니다.

중국이라는 나라는 오랜 역사 속에서 우리를 속국으로 만들었습니다. 수단과 방법을 가리지 않고요. 지금 중국은 공산주의 국가입니다. 공산주의 국가가 어떤 곳일까요?

공산주의 국가의 최고 권력층들은 권력의 맛을 알고 누립니다. 권력이 주는 유혹이요, 악의 유혹입니다. 창세기부터 이어온 유혹이요, 앞으로도 계속 될 유혹입니다!

한번 여기에 빠지면 벗어날 수가 없습니다. 우리나라 지도층도 여기에 걸린 것입니다. 어떻게 걸렸는가? 이것은 중요하지 않습니다. 그 유혹에 걸렸기 때문에 벗어날 수 없고, 자신이 최고의 권력을 누리고 있는 듯하나 "종"이 되어 버린 것입니다. 아담과 하와도 죄를 짓고 난 후 모든 것을 잃었고 종이 되었던 것처럼 모든 것을 잃어버리게 될 것입니다.

성경의 위대함은 여기에서 나옵니다. 평범한 스토리 같으나 성경에서는 "놀라운 진리와 무서운 본질"이 있습니다.

결론은 네가 왕이 아니라 하나님이 왕이라는 겁니다.

기독교가 박해의 역사가 될 수밖에 없는 이유가 이것입니다. 이러한 본질을 정확하게 꿰뚫고 진리를 이야기하니 최고 권력자들은 감당하지 못하고 핍박하는 것입니다.

이 나라의 희망은 교회입니다!
교회 안에서 바른 성경관을 갖고 기도하는 사람들입니다. 이러한 사람들이 많이 나올수록 우리나라는 지켜질 것입니다. 현 정권의 이러한 일들을 보면서 우리들은 다시 깨우쳐야 합니다. 이것이 시작이라는 것을요!

이전 우리의 역사는 더 힘들었습니다. 그러나 우리는 이겨 나갔습니다. 그때에는 기도하는 사람들이 많았기 때문입니다. 지금은 어떨까요? 제가 굳이 말하지 않아도 마음속에 드는 생각은 어떤 생각인가요? 이것이 우리의 현실입니다. 이제 돌아서야 합니다. 깨우쳐야 합니다.

죽고 사는 문제입니다. 여기에서 더 이상 한국교회가 무너진다면 우리나라도 같이 무너진다는 것입니다. 이번 이 나라의 정권이 우리들에게 말하는 메시지입니다.

다시 일어나야 합니다. 바른 성경관을 갖고 기도하는 사람들이 많아져야 합니다. 이러한 사람들이 많아질 때 하나님이 주신 놀라운 권세를 발휘할 수 있습니다.

기도! 놀라운 특권

기도해야 합니다. 다시 일어나야 됩니다. 단순히 어리석은 정부라 말하지 말고 영적으로 봐야 합니다.

하나님께서 주신 놀라운 특권을 활용해야 합니다. 우리의 능력으로 우리가 이 나라를 지켜야 합니다. 만약 우리가 지켜내지 못한다면 우리는 아픈 과거의 역사로 다시 돌아갈 것입니다.

일어나야 합니다!

더 많은 이들이 이러한 일에 동참을 해야 합니다!

하나님의 크신 은혜를 사모해야 합니다. 다시 우리나라가 깨어나야 합니다. 우리는 할 수 있습니다. 우리에게는 놀라운 여력이 있습니다.

이 모든 것의 희망은 기도! 놀라운 특권을 가지고 기도하는 사람들입니다.

이러한 일에 많은 기도와 동참을 부탁드립니다!

성경이 왜 중요한가 하면 성경에서 나오는 "지혜의 힘" 때문입니다.

성경을 바르게 알 때 강한 힘이 나옵니다. 정치, 경제, 외교 등에서 탁월한 영향력을 발휘할 수 있습니다. 저의 소원은 예수님이 다시 오실 때까지 우리나라가 하나님께 쓰임 받는 나라가 되는 것입니다. 그렇게 되기 위해서 가장 먼저 해야 할 것은 성경으로 돌아가야 합니다.

다가올 미래를 준비해야 됩니다. 준비하지 않으면 과거의 아픔역사가 되풀이 될 것이기 때문입니다. 미래에 대한 준비가 없이 긍정적인 마인드로 걱정할 필요 없고, 잘 될 것이라고 하는 것은 어리석은 생각입니다. 아픔을 당하고 나서 후회하면 늦습니다. 예전과 다르게 이제는 한번 무너지면 다시 일어나기 힘든 세대입니다.

-성경의 지도를 통해 머나먼 여행을 해야 합니다-

우리 민족은 뛰어난 DNA를 가진 민족입니다. 다시 탁월한 유전자를 찾고 개발해야 됩니다. 세계열강 속에서 힘을 가진 나라로 성장해야 합니다. 이것이 우리가 살길이고 미래입니다.

누구의 도움을 바래서도 안 됩니다. 직접 만들어가야 합니다. 정부나 학교를 비판할 필요도 없습니다. 그곳은 변하지 않을 것입니다. 그곳이 변화되기를 기다리기 보다는 새롭게 시작하는 것이 훨씬 빠른 방법입니다. 작은 빛이 되어 밝혀 나가면 어느 순간 큰 영향력을 발휘하게 될 것입니다.

요한복음 16장에서는 예수님이 제자들에게 앞으로 일어날 일에 대해서 말씀하십니다. 제자들은 이해하지 못하는 말씀입니다. 예수님으로 인해 많은 어려움을 겪는다는 겁니다. 순교하는 자리에 까지 간다는 것입니다. 얼마나 부담스럽고 받아들이기 힘든 말씀인가요.

처음 신앙생활을 할 때 많이 고백했던 것 중 하나가 "주님 저를 받아주옵소서, 저도 순교자의 신앙으로 살겠습니다"란 기도와 찬양을 많이 드렸습니다. 그러나 그 길을 알게 되었을 때부터는 감정적으로 하는 그러한 고백을 자제하고 있습니다. 너무 감정적으로 가는 것은 잘못된 신앙으로 흘러 갈 수 있겠구나란 생각에서입니다. 간혹 집회에 참석해 보면 인도하시는 분들이 음악을 통해 감정적으로 고백하게 만들고 헌신의 자리로 이끄는 경우를 봅니다. 너무나 경솔한 행동이 아닐까 생각해 봅니다. 그렇게 고백하고 헌신한 사람 중에서 얼마나 그 자리로 갈까요. 바로 가는 사람들이 얼마나 될까요. 그것보다 더 안타까운 것은 그러한 사람들이 자기 속에 빠져서 다른 사람들의 말을 듣지 않는다는 겁니다. 자신만이 옳고, 가장 신실하다는 착각에 빠집니다. 성경을 읽기 보다는 신비한 방향으로 치우치는 경우를 많이 봅니다.

인생은 소중한 것입니다. 삶은 귀한 것입니다. 유명하다는 사람의 말에 의해 감정적으로 치우쳐서 그릇된 방향으로 가는 것은 어리석은 행동입니다. 정말로 그렇게 살기를 원한다면 성경을 최소 50번 이상 읽고, 다른 책들도 많이 읽고 나서 결정해도 늦지 않습니다.

"그들이 이런 일을 할 것은 아버지와 나를 알지 못함이라."(요 16:3)

십자가상에서도 동일한 말씀을 하셨습니다. 진리의 세계는 감춰진 보배와 같습니다. 그 보배를 찾는 자만이 알 수 있는 세계입니다. 이 진리는 그냥 얻어지는 것이 아닙니다. 찾아야 되고 많은 노력이 필요합니다. 쉽게 얻어지는 것이 아닙니다.

믿음의 세계는 미지의 여행과도 같습니다. 결과가 있고 방향은 있으나 직접 찾아야 되는 세계입니다. 긴나긴 여행을 떠날 때 지도가 "성경"입니다. 성경의 지도를 통해 머나먼 여행을 해야 합니다. 여행을 하다 보면 많은 어려움을 겪게 됩니다. 그때마다 잘 이겨 나가야 되고, 최종 목적지까지 계속해서 달려가야 합니다. 우리가 떠나는 목적지는 분명한 목적지입니다. 한걸음 갈 때마다 더욱 분명한 방향이 보입니다. 여행의 순간마다 성경의 지도를 봐야 합니다. 그 지도대로 가지 않으면 길을 잃게 됩니다.

긴나긴 여행을 하다 보면 많은 반대와 시련이 있을 것입니다. 그때마다 기억해야 될 말씀은 "그들이 알지 못하기 때문"입니다. 만약에 그들이 알게 되면 어떻게 될까요. 그들은 변화되어서 우리와 똑같은 여행에 동참할 것입니다. 바울이 그러했습니다. 알지 못할 때는 누구보다도 교회를 핍박하는 자였지만 알고 나서는 누구보다도 열심히 복음을 전하는 자가 되었습니다.

알지 못해서 그러한 일을 행하는 자를 불쌍히 여겨야 되고, 그들에게 복음을 전하기 위해서 노력을 해야 합니다. 진리의 말씀을 전해야 합니다. 그 진리를 전하기 위해서 필요한 것이 "예수님의 사랑"입니다. 사랑만이 진리를 온전케 해 주기 때문입니다.

－꿈을 향해 나아가는 자가 되어야 합니다－

"내가 떠나가는 것이 너희에게 유익이라."(요 16:7)

예수님은 제자들에게 떠나가는 것이 유익이 된다 하셨습니다. 그 이유는 떠나고 나서는 새로운 분이 오시기 때문입니다. 그 분으로 인해서 새로운 역사가 시작되기 때문입니다. 하나님의 나라가 온전히 이루어진다는 것입니다. 많은 이들에게 복음이 전해진다는 것입니다. 하나님과 우리와 하나가 되는 놀라운 경험을 한다는 것입니다.

"내가 아직도 너희에게 이를 것이 많으나 지금은 너희가 감당하지 못하리라."(요 16:12)

예수님과 우리가 보는 눈은 다릅니다. 예수님은 우리가 알지 못하는 것들을 보십니다. 우리도 예수님과 같은 눈을 가져야 합니다. 그 눈을 가지게 되면 변화가 일어날 것입니다. 사람은 자기가 본 만큼 알게 되고 변화되기 때문입니다.

인생은 경험이 중요합니다. 경험한 만큼 성장하기 때문입니다. 하지만 인생은 너무나 짧은지라 많은 것들을 경험할 수 없습니다. 가장 좋은 방법은 독서입니다. 많은 책을 통해 수많은 사람들의 삶을 볼 수가 있고 그들과 같은 경험을 할 수 있습니다.

성경에도 수많은 인물들이 있습니다. 그들이 만났던 하나님을 나도 동일하게 경험할 수 있습니다. 혼자서 경험한 하나님이 전부이고 최고라 하는 것은 어리석은 생각입니다. 먼저는 성경 안으로 들어가서 그들이 만난 하나님을 나도 만나봐야 합니다. 그들이 만났던 하나님을 나도 만나다 보면 나도 그들과 같은 "신앙고백"을 합니다.

베드로가 했던 고백처럼 "주는 그리스도시오 살아계신 하나님의 아들"이라 고백하게 됩니다. 살아계신 하나님이라 고백합니다. 이러한 고백은 성경을 통해서만 가능합니다. 그 어떤 것에서도 이루어지지 않습니다.

"진리의 성령이 오시면 그가 너희를 모든 진리 가운데로 인도하시리니."(요 16:13)

이 모든 일이 가능한 것은 진리의 성령님이 오셨기 때문입니다. 내가 똑똑하고 능력이 있어서 한 것이 아닙니다. 하나님이 하셨습니다. 하나님이 우리의 삶을 진리로 인도해 주셨기 때문에 가능한 일입니다. 모든 것이 하나님의 은혜입니다.

예수님은 미래에 제자들에게 일어날 일들을 보셨습니다. 현재의 고난과 아픔이 아닌 미래의 영광을 보신 겁니다. 우리들도 예수님과 같은 눈을 뜨게 되면 미래의 영광을 보게 될 것입니다. 하나님의 나라를 보게 될 것입니다. 그 나라를 이해하고 깨닫게 됨으로 현실을 살아야 될 이유와 목적이 생깁니다. 그때에는 어떤 어려움과 고난이 와도 이겨낼 것입니다.

"나는 선한 싸움을 싸우고 나의 달려갈 길을 마치고 믿음을 지켰으니, 이제 후로는 나를 위하여 의의 면류관이 예비되었으므로 주 곧 의로우신 재판장이 그 날에 내게 주실 것이며 내게만 아니라 주의 나타나심을 사모하는 모든 자에게도니라."(딤후 4:7-8)

그 누구보다도 열심히 교회를 핍박했던 바울이 변화되고 나서 일평생 복음전하는 일을 마치고 마지막에 고백한 말씀입니다. 이제 후로는 나를 위하여 의의 면류관이 예비되었다는 말씀입니다. 바울은 일평생 하나님이 주실 면류관을 바라 본 것입니다. 그렇기에 복음을 전하면서 그 많은 어려움을 이겨나갈 수 있었던 것입니다. 바울은 일평생 꿈을 꾸고 그 꿈을 향해서 나아갔던 것입니다. 바울은 다시 고백합니다. 나뿐만 아니라 모든 자에게도 동일한 것을 주신다는 겁니다.

우리들도 바울처럼 꿈꾸는 자가 되어야 합니다. 그 꿈을 향해서 나아가야 합니다. 그리스도인은 현실에 만족하는 자가 아닙니다. 미래의 꿈을 향해서 나아가는 자입니다. 믿음의 눈을 통해서 하나님의 나라를 바라봐야 합니다. 꿈을 꾸어야 합니다. 누구보다도 더 많은 꿈을 꾼 요셉은 현실의 삶은 억울하고 힘들었지만 그 꿈을 통해서 모든 것을 이겨나갔고 후에는 가장 높은 자리와 영광을 얻었습니다.

우리들도 바울처럼 요셉처럼 꿈꾸는 자가 되길 기도드립니다.

3) 꿈꾸는 자

(요 16:13-24)

−진리의 성령님이 인도해 주시고 책임져 주십니다−

"진리의 성령이 오시면 그가 너희를 모든 진리 가운데로 인도하시리니 그가 스스로 말하지 않고 오직 들은 것을 말하며 장래 일을 너희에게 알리시리라."(요 16:13)

제가 요한복음 14, 15, 16장의 말씀이 정리되고 나서는 성경을 가르칠 때 중심의 축으로 삼고 있습니다. 성경을 가르칠 때 제일 먼저 많은 시간을 할애합니다. 몇 장 안 되지만 많은 내용이 있고 짧은 시간 안에 신앙의 기준을 정립하기에도 좋습니다.

요한복음을 묵상하면서 제일 이해하기 힘든 곳이었습니다. 어느 순간 말씀이 반짝하면서 깨달아질 때 기뻤습니다. 깨닫고 나면 별것 아닌데 깨닫기까지 과정은 힘들고 오랜 시간이 걸립니다.

진리의 성령이 오신다는 의미를 이해가 힘들었습니다. 내용적으로는 알았지만 그 속에 담겨있는 깊은 뜻을 찾기가 힘들었습니다. 지금은 세상이 좋아서 노트북 한 대만 있으면 다양한 주석 여러 권을 바로 볼 수 있고, 어떤 내용을 검색해 보면 웬만한 내용들은 거의 다 나옵니다. 그렇게 이해하는 것이 아니라 자신의 것으로 소화시키고 깨닫는 것을 말합니다. 성령의 감동으로 온전히 깨달아 지는 것을 말합니다.

성경을 지식적인 것들만 전달하는 것은 앵무새처럼 흉내 내는 것에 불과합니다. 그렇게 흉내를 내면 학문적이고 멋있어 보일 수 있으나 사람들의 가슴과 영혼은 움직이지 못합니다.

말씀을 전한다는 것은 자신을 위함도 있지만 다른 이들을 위함이 더 큽니다. 특히 목회자나 성경을 가르치는 이들은 더 합니다. 성경을 통해서 사람들의 가슴이 움직이고, 살아계신 하나님을 만나도록 해 주어야 합니다. 그렇게 하기 위해서는 전하는 이가 먼저 심령이 깨어져서 성경이 깨달아져야 합니다. 깨달아진 말씀의 특징은 내용이 단순하고 명확해 집니다. 사람들의 마음을 움직이는 능력이 있습니다. 사람들의 삶에 변화가 일어납니다.

우리가 말씀을 깨닫는 것이 아니라 진리의 성령님이 말씀을 깨닫게 해 주십니다. 말씀이 명확하게 보이고 정리가 됩니다. 내가 하는 것이 아니라 성령님이 모든 진리 가운데로 인도해 주시고 말씀의 사람이 되게 해 주십니다.

아, 성령하나님이 책임져 주시는 것이구나!
성령님이 진리로 가게 해 주시는구나!

이것이 깨달아졌을 때 모든 것을 하나님께 믿고 맡기게 되었습니다. 말씀을 전할 때에도 믿고 맡기게 되었습니다. 내가 하는 것이 아니라 하나님이 진리 가운데로 인도해 주시고 책임져 주신다는 믿음이 생겼습니다.

-답답한 교육 시스템들!-

하나님이 인도해 주시는 길에서 우리가 해야 될 가장 중요한 일은 "교육"입니다. 가르치는 일입니다. 바로 가르치는 것입니다. 교육의 중요성은 아무리 강조해도 지나치지 않습니다. 교육은 미래입니다. 어떻게 교육 하느냐가 우리나라의 미래와 교회의 미래가 결정됩니다.

교육은 두 가지로 볼 수 있습니다. 똑같이 교육을 하지만, 스스로 익

혀서 깨달아 지는 것과, 다른 사람들의 의해서 깨달아지는 것으로 나눌 수 있습니다. 이 가운데 더 중요한 것은 스스로 깨닫는 것입니다. 결국 공부는 자기 자신이 하는 것이지 남이 대신 해 주는 것은 아닙니다.

내가 공부를 왜 해야 되는지 답을 찾아야 되고, 공부가 나를 위한 공부가 아닌, 다른 이들에게 도움을 주고자 하는 공부가 될 때 빛을 발하게 됩니다. 우리나라 현 교육은 너무나 이기적인 방향으로 흘러가고 있습니다. 세계 어느 민족보다 뛰어난 재능을 가진 민족임에도 불구하고, 뛰어난 인재가 나오지 않는 것은 현 교육시스템의 문제입니다. 우리나라의 이러한 부분에 풍자한 내용의 글을 볼까 합니다.

"아인슈타인이나 발명왕 에디슨, 노벨상 수상자인 퀴리 부인이 한국에 태어났다면 지금 우리가 알고 있는 위인들이 되지 못했을 것이라는 우스갯소리만 봐도 그렇다.

가령 아인슈타인은 수학을 아주 잘했지만 그것만으로는 어떤 대학에도 입학하기가 힘들었을 것이다. 한국의 강압적이고 권위주의적인 학교 문화와 주입식 교육에 엄청난 스트레스를 받았을 것이다. 더욱이 그런 환경에 적응하지 못해 인생의 패배자라는 낙인이 찍혔을 수도 있다.

또 에디슨은 교육 환경 때문이 아니라 한국 사회의 관료주의적 시스템 때문에 빛을 발하지 못했을 것이다. 발명을 해놓고도 수많은 서류에

치여 그 진가를 제대로 알리지도 못하고 절망하다가 결국 포기했을 것이다. 그리고 퀴리 부인은 우수한 성적으로 대학을 졸업하고 좋은 직장에 취직하여 나름대로 연구원으로 활약을 펼쳤을 수도 있다. 그렇지만 그녀 역시 한국 사회에 팽배한 남성 우월주의로 말미암아 여성 차별이 심한 직장에서 매우 고달파했을 것이다.

'아인슈타인이나 발명왕 에디슨, 노벨상 수상자인 퀴리 부인이 한국에 태어났다면 지금 우리가 알고 있는 위인들이 되지 못했을 것이다.' 한때 유행했던 이 우스갯소리는 한국의 교육과 사회 구조가 천재를 둔재로 전락시키고, 둔재를 더욱더 둔재로 만들어버림을 통렬하게 비꼰 것이다."

김병완–『누구나 천재가 될 수 있는 한 가지 법칙』–북스앤드

우스갯소리로 이야기 한 것이지만 많은 의미를 담고 있습니다. 이것이 우리의 현실입니다. 너무나 안타까운 현실입니다. 우리의 교육이 왜 이렇게 되었을까, 앞으로 우리의 교육은 어떻게 될 것인가를 생각해 보면 답답한 마음뿐입니다. 현 정부나 교육부에서 하는 교육의 방향은 앞으로도 변화되기는 어려울 것입니다. 더 안 좋은 방향으로 갈 수도 있습니다. 그러나 실망할 필요는 없습니다. 그 이유는 "진리의 성령님이 우리들을 모든 진리 가운데로" 인도해 주시기 때문입니다.

-현재 교회의 모습은-

예수님도 이 땅에 오셨어 많은 이들의 병을 고치시고 이적을 행하셨지만 가장 우선시 한 것은 "교육"입니다. 가르침입니다. 그 결과로 성경이 완성된 것입니다. 바울도 교육을 가장 중요시 했습니다. 요한도 교육을 중요시 했고 그 결과물로 남긴 것이 요한복음입니다.

교육이 얼마나 중대한 문제인가 하면 개인의 미래뿐 아니라 한 나라의 미래까지도 결정되어집니다. 나라의 흥망성쇠가 달린 문제입니다. 유대인들은 예수님을 십자가에 죽이고 나서 예수님의 말씀처럼 그 땅은 처절하게 무너집니다.

AD 70년에 나라가 멸망 하였고 나라를 다시 찾은 것은 1948년 5월 14일 입니다. 그 세월이 무려 2000년입니다. 우리나라만 해도 일제 40년 동안 얼마나 많은 것들을 잃어버리고 바뀌었습니까. 지금까지도 그 영향력이 이어지고 있습니다. 유대인들은 2000년 가까이 변함없이 전통을 이어왔고 나라를 되찾았을 때에도 변함이 없었습니다. 그 힘은 어디에서 왔을까요? 그들만이 가진 교육시스템입니다. 유대인들은 성경이라는 교과서로 철저하게 교육을 해 왔던 것입니다. 교육이 이처럼 막대한 영향력을 끼칩니다.

유대인들이 사는 땅은 살기 힘든 땅입니다. 독립한다는 것은 불가능했고, 그 땅을 지켜내는 것도 힘든 곳입니다. 예수님을 모르는 그들이 단순히 구약성경만으로도 이 만큼 큰 영향력을 끼쳤는데 우리들은 온전한 성경을 가지고 있음에도 불구하고 영향력이 없다는 것이 안타까울 따름입니다.

교회들의 상황을 볼까 합니다. 교회는 성경을 얼마나 가까이 하고 있을까요?

교회가 해야 될 가장 중요한 것은 예배입니다. 그 중에서도 말씀입니다.

그렇다면 예배 시간에 말씀이 선포되어지는 시간은 얼마나 될까요? 너무나 짧습니다. 그 짧은 시간동안 성경을 이야기 하는 시간은 얼마일까요?

교회생활을 전체로 본다면 성경만 할애되는 시간이 얼마나 될까요?

교회를 다니는 모든 시간에 비해서 아주 미비합니다. 다른 것들로 인해서 성경을 접하는 시간이 없어진 것입니다. 다들 왜 그리 바쁜지 너무나 바쁜 것이 우리의 현실입니다. 교회들이 보험회사처럼 너무나 공격적인 마인드로 가려고 합니다. 교인들은 일에 지쳐 있고, 일하다 시험을 받아서 신앙을 잃어버리는 경우가 많습니다. 이것이 현 우리들의 모습입니다.

성경을 너무나 쉽게 생각하는 것이 아닐까요?

유대인들은 성경을 공부하는 시간이 많습니다. 조금만 관심을 가지고 검색해 보거나 책을 참고해 보면 쉽게 알 수 있습니다. 그들이 그렇게 투자하는 시간이 있기 때문에 강한 민족이 된 것입니다.

유대인들이 교육의 영향으로 강한 영향력을 끼치는 것이 이제는 분명히 증명되고 있음에도 불구하고 기독교인들은 왜 그들의 교육을 무시할까요? 특히 우리나라 교회는 더욱 그렇습니다. 그들이 구약성경을 보고 이해하고 소화시키는 것이 우리들이 생각하는 이상입니다. 대단한 실력을 가지고 있습니다. 그들이 뛰어난 민족이라서 그런 것이 아닙니다. 우리민족이 그들보다 더 뛰어나고 우수한 면들이 많습니다. 그런데 우리는 왜 못하는 것일까요?

그들과 우리의 차이점은 그들은 많은 시간을 투자하고 노력을 합니다. 다른 것보다 먼저 합니다. 이것에 목숨을 건다는 표현이 더 어울릴 것 같습니다.

현재 한국교회의 모습을 볼까 합니다.

과연 성경을 가르치는 시간이 얼마나 될까요? 그 시간에 온전히 성경만 가르치는 걸까요, 이제는 성경을 순수하게 읽고 해석해 가면서 하는 설교가 시대에 뒤 떨어진 방법이라고 합니다. 다들 그렇게 생각합니다. 왜 우리들의 모습이 이리 변했을까요? 이렇게 말하는 사람이 잘못되었다고 비방 받는 시대가 되었습니다. 이렇게 교육하는 유대인들의 우수성이 객관적으로 과학적으로도 증명되고 있는데도 불구하고 왜 그럴까요? 기독인들보다도 안 믿는 사람들이 이제는 더 관심을 가지고 있습니다.

한번 잘못된 형태로 교육된 것은 바꾸기가 어렵습니다. 저도 마찬가지였습니다. 이러한 것을 깨기 위해서 많은 노력을 했습니다. 무조건 자기가 옳다는 주장만 하지 말고 객관적이고 합리적인 것을 토대로 생각해 보는 것이 필요합니다. 조금만 관심을 가지고 책을 보거나 연구해 보면 다 나오는 사실입니다.

교회학교를 볼까 합니다. 교회학교 평균 설교 시간이 10분에서 15분이고 공과도 마찬가지입니다. 아이들은 거의 듣지 않고 성경이야기를 하면 싫어하는 것이 현실입니다. 더 안타까운 것은 이제는 거의 만들어진 설교를 한다는 것입니다. 그림으로 동영상으로 설교 원고까지 다 만들어진 것으로 설교를 합니다. 과연 이런 현실에서 얼마만큼 영향력을 끼칠 수 있을까요?

조금만 관심을 가지고 유대인들이 어떻게 성경을 가르치는가를 연구해 보시기 바랍니다. 그들이 하는 교육이 우리와 비교해 볼 때 최소 3배 이상입니다. 이것도 작게 잡은 수치입니다. 먼저는 이러한 현실을 직시해야 합니다. 그리고 변해야 합니다. 이것은 죽고 사는 문제입니다. 이런 현실을 두고 잘 된다, 하나님이 보살펴 주신다, 아무 염려할 필요가 없다 말하는 것은 거짓이요, 책임감 없는 말입니다.

　-성경을 보는 자세와 마음가짐-

　임진왜란, 일제 40년, 6·25 등의 공통점은 걱정할 필요가 없다는 말이 이긴 결과입니다. 진실이 아닌 거짓말이 통한 결과입니다. 그때에도 선각자들은 이대로 가면 안 된다는 말을 했지만 그 소리가 무시 당했습니다. 그 결과로 힘없는 백성들은 너무나 비참한 현실을 맞이했습니다. 다시는 이러한 일이 반복되지 말아야 합니다. 우리 스스로가 지켜야 합니다. 분별력을 가지고 대처해야 합니다.

　독서를 많이 하는 사람들은 쉽게 책을 볼 것이라 생각할 수 있으나, 그렇지는 않습니다. 독서법에 대한 다양한 책들을 탐독해 보니 전문가들은 독서를 하는 태도부터가 다르다는 것을 느꼈습니다. 그들의 마음가짐부터가 다르고 질이 아닌 양으로 하는 독서이었습니다. 자신과의 처절한 싸움의 결과로 이룬 성과물이라는 겁니다.

　그들이 공부하는 방법은 한 분야를 이해하기 위해서 최소 10권 이상의 책을 봅니다. 어떤 주제에 대해서 책을 쓰기 위해서는 최소 100권

이상, 어떤 작가들은 500권 이상 보는 분들도 보았습니다. 많은 독서를 통해서 만들어진 책은, 그 책을 보는 순간 확연한 차이가 납니다. 그러한 정성이 글속에 녹아 있다는 겁니다. 그들이 왜 그렇게 할까요? 제대로 알기 위해서이고, 제대로 전달하기 위해서입니다.

그렇다면 성경을 이해하기 위해서는 얼마만큼의 정성이 들어가야 할까요? 하나님의 은혜로 그냥 깨달아지는 걸까요? 절대로 아닙니다. 제가 종종 드는 비유가 있습니다.

"성경을 알고 싶어서 열심히 기도를 하는 사람이 있었습니다. 최선을 다해서 기도를 하니 하나님께서 감동을 하셨는지 응답해 주셨습니다. 그 응답의 내용은 기도는 그만하고 성경을 펴서 읽으라는 것이었습니다."

성경은 연구하는 것이 먼저가 아니라, 읽는 것이 먼저입니다. 성경을 바르게 이해하기 위해서는 많은 노력을 해야 합니다. 거저 얻어지는 것이 아닙니다.

그러기 위해서는 삶 자체를 심플하게 만들어야 합니다. 내 할 것 다하고 나서 성경을 보겠다하면 절대 못 봅니다. 삶의 우선순위를 성경에 두어야 합니다. 자신과의 힘겨운 싸움에서 이기게 될 때 성경이 바로 보이기 시작합니다. 이런 마음의 자세가 있는 사람들에게 하나님이 복을 주시고, 진리의 성령님이 오셔서 모든 진리의 세계로 인도해 주시는 겁니다.

요한복음 16장 20절에서 24절까지 예수님이 공통적으로 하시는 말씀은 "기쁨"입니다. 앞으로 제자들이 당하게 될 어려움을 말씀하시면서 예수님은 기쁨에 대해서 말씀하고 계십니다. 이 기쁨은 거짓이 아닌 진정한 기쁨입니다. 예수님의 약속입니다. 어떠한 상황 속에서도 기뻐하게 될 것이라는 겁니다.

"지금은 너희가 근심하나 내가 다시 너희를 보리니 너희 마음이 기쁠 것이요 너희 기쁨을 빼앗을 자가 없으리라."(요 16:22)

이 기쁨의 힘은 어디서 올까요?

그 힘은 교육에서 나옵니다. 교육이 아니고는 다른 어떠한 곳에서도 이러한 힘은 나오지 않습니다. 교육이 아니고는 예수님이 말씀하신 그 뜻을 온전히 이해하기 힘듭니다.

–시대의 변화를 읽고 준비해야 합니다–

202

앞으로의 시대는 많은 변화를 겪게 될 것입니다. 너무나 빠르게 바뀌는 시대입니다.

앞으로의 시대는 "인공지능"의 시대가 열릴 것입니다. 우리가 생각하는 것 이상으로 많은 변화가 있을 것입니다. 최근에 출간된 이지성 작가의 에이트라는 책을 보면 이러한 것들을 많이 다루고 있습니다. 저 또한 상당한 충격을 받았습니다. 앞으로는 부자라는 개념이 억만장자가 아니라 조만장자들의 시대가 열린다는 겁니다. 빌게이츠 같은 억만장자보다 1천 배 많은 재산을 가진 조만장자의 시대가 온다는 것입니다.

"컴퓨터 산업 시대에 빌 게이츠, 스티브 잡스 같은 억만장자들이 탄생했듯이 앞으로 인공지능 시대가 본격적으로 열리면 조만장자들이 탄생하는데, 실리콘밸리의 미래형 사립학교들은 인공지능의 주인이 되는 수준의 교육만 하고 있을 뿐 인공지능 산업의 1인자가 되는 교육, 즉 조만장자가 되는 법은 가르치지 못하고 있다고 판단했기 때문이다.

지금은 억만장자, 즉 1조 원대 부자 시대다. 이 시대의 특징은 전 세계 부의 50% 이상을 세계 상위 1% 부자가 독점하고 있다는 것이다. 조만장자, 즉 억만장자보다 1천 배 많은 재산을 가진 사람들이 탄생하는 시대가 오면 어떻게 될까? 모르긴 해도 세계 상위 1%의 부자가 전 세계 부의 90% 이상을 차지할 것이다.

지금 시대의 인류 최고 부자들보다 1천 배 많은 재산을 축적한 사람들이 나타난다는 건 대다수 인류의 재산이 그들에게 흡수된다는 것을 의미한다. 금융 전문가들은 앞으로 20년 내에 조만장자들이 탄생한다고 예측하고 있다. 한마디로 앞으로 20년 내에 대다수의 인류가 조만장자들에게 재산을 합법적으로 빼앗기고 빈민 또는 난민 수준의 삶을 살게 된다는 것이다."

이지성—『에이트』—차이정원

앞으로 우리를 지켜 나갈 수 있는 길은 "성경"입니다. 에이트에서 강조하는 것도 인문학으로 다듬어진 철학적인 사고를 가진 이들이 앞으로의 시대를 움직여 갈 것이라는 겁니다. 이러한 세상을 대비해서 우리들도 이러한 능력을 가진 자가 되어 미래를 준비해야 됩니다.

인문학의 최고는 당연 "성경"입니다. 서양철학, 동양철학, 다른 인문학의 책들을 보면서 더욱 위대하게 느껴지는 책은 당연 성경입니다. 참으로 위대한 책입니다.

이 성경을 바로 알고 바로 전하는 일은 죽고 사는 문제입니다. 우리들에게 주어진 하나님의 뜻이요 사명입니다. 우리가 성경을 가지고 미래를 준비한다면 더 많은 영향력을 발휘하게 되나, 성경을 무시하고 미래를 맞이한다면 그 미래는 어떻게 될까요?

이러한 일에 많은 이들이 동참했으면 합니다. 성경을 통해 요셉과

같은 지혜와 명철로 미래를 움직여 나가는 사람들이 많이 나왔으면
합니다.

미래는 꿈꾸는 자의 것입니다!

지금 우리가 무엇을 생각하고 꿈을 꾸느냐에 따라서 미래가 결정되어
집니다.

미래는 꿈꾸는 자의 것입니다!

4) 우리의 희망과 미래는?

(요 16:25-33)

─어떻게 우리나라가 이렇게까지 왔을까요!─

21세기에 자유 민주주의 국가에서 황당한 일이!

충격 그 자체였습니다.

21세기에 우리나라에서도 이런 일도 생길 수 있구나란 생각과 미래에 대해서 많은 고민을 했습니다. 새로운 관점으로 미래를 생각해보는 계기가 되었습니다.

정보와 지식이 넘쳐나는 세상입니다. 너무나 많은 정보로 인해서 혼란이 올 지경입니다. 이제는 누구나 다 전문가일 정도로 지식이 넘쳐납니다. 그러나 정보와 지식은 분별이 필요합니다.

많은 것들이 쉽게 얻어 지는 것 같지만 잘못된 정보와 지식들도 넘쳐납니다. 특히 나라를 이끌고 가는 정권들이 잘못된 방향으로 가고 있을 때는 뉴스나 신문에서 보도되는 내용들을 잘 봐야 합니다. 정권이 원하는 대로 가는 정보들이 많기 때문입니다.

가장 좋은 방법은 독서입니다. 어떤 분야에 대해서 다양한 책을 읽게 되면 좀 더 정확한 눈이 생기고 한쪽으로 치우치지 않습니다. 또한 분별력과 통찰력이 생겨서 본질을 파악하게 되고, 정확한 현실을 보는 감각이 생깁니다. 독서를 하지 않고 돌아다니는 지식과 정보만 보다보면 자신도 모른 체 속는 경우가 많습니다.

저는 공병호 박사의 책이나 공병호TV를 참고하고 기준으로 삼습니다. 이유는 이분이 가진 명확한 눈과 통찰력 때문입니다.

2020년 2월 5일 공병호TV에서 나온 내용입니다. 유튜브 방송입니다.

제목은 "아파트 판 돈, 사용처까지 소명하는 나라"입니다.

정말로 황당한 내용이었습니다. 내용은 서울 강동구에 사시는 박모씨가 강동구청으로부터 통보받은 내용입니다. "아파트 거래 전후 2주간 입출금내역을 첨부하지 않으면 국세청이나 경찰 등 수사기관에 통보조치가 될 수 있다"는 내용입니다.

박모씨의 말은 "이미 아파트를 구입할 때 자금계획서를 모두 제출했는데 다시 소명하라는 통지가 왔다며 집 한 채를 샀을 뿐인데 주택 거래 전후 2주간 통장 사본을 요구해 사생활 침해는 물론이고 잠재적인 범죄자로 몰린 기분"이라 했습니다.

이런 일은 자유민주주의 국가에서는 있을 수 없는 일입니다. 자유와 인권이 무시되는 일입니다. 사회주의 국가에서나 있을 수 있는 일이고, 중국이나 북한에서 있을 수 있는 일입니다.

어떻게 우리나라가 이렇게까지 왔을까?

생각을 깊이 해 보았습니다. 이것뿐만 아니라 지금 우리나라 정부에서 하는 일들을 볼 때 너무나 안타까운 일들이 많습니다. 21세기에 자유민주주의 국가에서 일어날 수 있는 일인가 하는 것들이 한두 개가 아닙니다!

우리의 아픈 역사가 있었던 70~80년대에는 정보라는 것이 빨리 소통되지 아니했던 시절이라 가능했지만, 21세기에 이런 일들이 일어난다는 것이 새롭게 느껴졌고, 앞으로 다가올 미래에 대한 생각을 많이 해 보았습니다. 나름 내린 결론은 이것입니다.

"이보다 더한 일도 일어날 수 있다."

이 나라의 미래는 올바른 교육입니다. 많은 이들에게 올바른 길을 제시해 주는 사람들이 많이 나와야 합니다. 우리나라는 우리가 지켜야 합니다.

우리의 역사를 보더라도 뛰어난 정치인들보다는 어리석은 정치인들이 더 많았습니다. 앞으로도 변함은 없을 것입니다. 이러한 현실에 대해서 우리는 준비를 해야 합니다. 옳고 그름을 분별할 수 있는 지식인들이 많이 나와야 되고, 그들이 나라를 바로 세워야 합니다. 그 사람이 "내가" 되어야 합니다. 나는 배운 것도 없고 무식한 사람이라 다른 사람이 해야 된다는 생각을 해서는 안 됩니다. 내가 해야지, 만약 내가 하지 않으면 그 결과는 참담해지기 때문입니다.

－가장 큰 은혜는 성경이 깨달아지고 하나님을 만나는 것입니다－

"보라, 너희가 다 각각 제 곳으로 흩어지고 나를 혼자 둘 때가 오나니 벌써 왔도다."(요 16:32)

예수님이 십자가를 지시기 전 제자들의 모습을 말한 것입니다. 예수님 곁에 가장 가까이에 있는 사람들이 전부 떠날 것이라는 겁니다. 그들은 많은 이적을 보았고 예수님의 말씀을 직접 들었지만, 결정적인 순간에는 부인하고 떠날 것이라는 것입니다. 인간의 나약한 모습을 이야기하신 겁니다.

참 강한 것 같으나 고난의 순간이 오면 바뀔 수밖에 없는 것이 인간의 모습입니다. 나는 안 그럴 것이라는 말을 해서도 안 됩니다. 베드로도 가장 강하게 자신 있어 했지만 그 결과는 아니었습니다.

그런데 놀라운 사건이 발생했습니다.
도망갔던 제자들이 변화된 것입니다.
어떻게 이런 일이 가능했을까요?
예수님은 부활하시고 하늘로 올라 가시기전 제자들에게 당부했습니다. 당부의 내용이 무엇을 하라 이런 내용이 아니었습니다. 기다리라는 겁니다. 하나님이 약속하신 것을 보내줄 테니 그때까지 기다리라는 것이었습니다.

"내가 내 아버지께서 약속하신 것을 너희에게 보내리니 너희는 위로부터 능력으로 입혀질 때까지 이 성에 머물라."(눅 24:49)

요한복음 14, 15, 16장에서도 나온 내용입니다. "또 다른 하나님, 진리의 성령님"이 약속하신대로 오신다는 겁니다. 그 분이 오시게 되면 모든 것이 다 이루어진다는 것입니다. 진리의 성령님이 오시고부터 복음의 역사는 시작되었고 지금까지 이어왔고 앞으로도 이어갈 것입니다.

한국교회의 가장 큰 오해는 성령에 대한 잘못된 인식입니다. 십계명 중에서 3계명에 여호와의 이름을 망령되게 부르지 말라 했습니다. 신앙 생활에서 가장 중요한 것은 "하나님이 누구신가?"입니다. 구약성경에서는 인간이 하나님을 보면 죽는다 했습니다. 지금도 예수님의 공로가 아니면 우리들도 하나님을 보게 되면 죽을 수밖에 없는 존재입니다.

하나님은 거룩하신 분이십니다. 전지전능한 분입니다. 인간이 아닙니다. 인간이 이래라 저래라 할 수 있는 분도 아닙니다. 인간의 종이 아닙니다.

제가 이 책을 기록한 가장 큰 이유는 이러한 면을 바로 잡고자 함입니다. 너무나 안타까운 것은 이러한 부분에 대해서 잘못되었다는 것을 알지도 못하고, 이제는 너무 멀리 왔다는 것입니다. 앞으로는 더 힘들어질 것이라 봅니다. 교회가 힘을 잃고 어려워진다는 것은 이 나라의 미래까지도 영향을 받습니다. 그만큼 교회의 역할이 중요합니다. 우리나라 희망은 교회입니다. 교회가 힘을 잃게 되면 이 나라는 다시 예전의 아픈 역사가 되풀이 되리라 봅니다. 우리 후손들에게 이러한 것을 물려주어서는 안 됩니다.

"오직 성령이 너희에게 임하시면 너희가 권능을 받고 예루살렘과 온

유대와 사마리아와 땅끝까지 이르러 내 증인이 되리라."(행 1:8)

성령이 우리들에게 임하시면 증인이 됩니다. 살아계신 하나님을 증거하게 됩니다. 제자들도 예수님이 약속하신 대로 성령이 임했을 때에 새로운 모습으로 변했습니다. 제자들은 도망가지 않았고, 두려워하지도 않았고, 목숨을 걸고 복음을 전했습니다. 비급하게 도망갔던 제자들이 이제는 담대히 순교자의 자리까지 가게 된 것입니다.

제자들은 "살아계신 하나님"을 만난 것입니다.

"이에 그들의 마음을 열어 성경을 깨닫게 하시고."(눅 24:45)

마음을 열어 성경을 깨닫게 해 주셨습니다. 하나님이 약속하신 그 분은 진리의 영이시고, 그 분으로 인해 제자들은 성경을 깨닫게 되었습니다. 그 다음에 나타난 것이 능력과 기사입니다. 이 능력은 복음을 증거하기 위한 하나의 도구입니다.

지금은 그 도구가 전부가 되었고, 그 도구를 내가 부린다는 겁니다. 내가 기도해서 얻은 것이다. 내가 이렇게 하면 이렇게 되고, 저렇게 하면 저렇게 되는 것이다. 이렇게 되면 누가 하나님이 되고 누구 피조물이 되는 건가요. 하나님은 내가 이래라 저래라 할 수 있는 분이 아닙니다.

가장 큰 은혜는 "성경이 깨달아져서 하나님을 만나는 것"입니다.

바울이 성경의 지식이 많았을 때는 교회를 핍박하는 자였습니다. 잘못된 지식으로 말미암아 교회를 박해하는 자가 되었던 것입니다. 그러나 그가 진리의 성령님으로 마음이 열리고 성경이 바로 깨달아 졌을 때 그의 삶은 완전히 다른 삶으로 바뀌었습니다. 일평생 복음을 전하는 전도인으로 살았고 그가 한 일 중 가장 위대한 일은 성경을 남겼다는 겁니다. 누가 또한 바울의 영향으로 성경을 남기게 된 것입니다.

-우리의 미래는 하나님의 말씀입니다-

요한복음을 기록한 요한도 같은 증언을 합니다.

"예수께서 제자들 앞에서 이 책에 기록되지 아니한 다른 표적도 많이 행하셨으나, 오직 이것을 기록함은 너희로 예수께서 하나님의 아들 그리스도이심을 믿게 하려 함이요 또 너희로 믿고 그 이름을 힘입어 생명을 얻게 하려 함이니라."(요 20:30-31)

요한도 마지막에는 성경을 남겼습니다.

가장 위대한 책을 남겼습니다. 이 책을 남긴 목적이 예수님이 하나님의 아들이라는 것을, 하나님이라는 것을 증거하기 위함입니다. 살아계신 하나님을 성경을 통해서 만나게 함입니다. 앞으로도 성경을 통해서 예수님을 믿게 될 것이고 복음의 역사도 이어질 것입니다.

성령하나님에 대한 새로운 조명과 인식이 필요합니다. 바른 이해가 필요합니다. 그 분은 살아계신 하나님이십니다. 창조주이십니다. 이 세계의 역사를 움직여 가는 분입니다. 나를 만드신 분입니다. 나의 모든 삶의 과정마다 함께 해 주시는 분이시고, 죽음까지도 함께 해 주십니다. 영원히 함께 해 주시는 분입니다.

"말씀으로 돌아가야 합니다. 성경으로 돌아가야 합니다."

우리나라의 미래는 말씀으로 바로 선 사람들에 의해서 결정됩니다. 이러한 사람들이 많이 나와야 합니다. 내가 이러한 사람이 되고자 결단을 해야 됩니다. 다른 사람들을 볼 필요도 없고, 정부나 교회의 잘못된 것도 볼 필요도 없습니다. 내가 먼저 결단하고 말씀으로 돌아가면 됩니다. 말씀으로 돌아가는 사람들이 점점 많아질 때 새로운 역사를 만들어 갈 수 있습니다.

"이것을 너희에게 이르는 것은 너희로 내 안에서 평안을 누리게 하려 함이라 세상에서는 너희가 환난을 당하나 담대하라 내가 세상을 이기었노라."(요 16:33)

하나님은 이 땅을 우리들에게 주셨습니다. 이 땅을 살기 좋은 곳으로 만들어가는 것이 우리의 사명입니다. 진리를 전하는 삶은 결코 만만치 않습니다. 많은 환난과 박해가 있습니다.

예수님은 우리들에게 말씀하십니다.
"담대하라 내가 세상을 이기었노라."

우리들은 두려워 할 필요가 없습니다. 승리는 우리들의 것입니다. 승리자 되신 예수님이 계시기 때문입니다. 담대함을 가지고 나아가는 우리들이 되어야 합니다.

모세가 죽은 후에 여호수아에게 말씀 하셨습니다.
"오직 강하고 극히 담대하여 나의 종 모세가 네게 명령한 그 율법을 다 지켜 행하고 우로나 좌로나 치우지지 말라 그리하면 어디로 가든지 형통하리니."(수 1:7)

두려워하지 말고 강하고 담대하라는 것입니다. 그 담대함은 하나님의 말씀에서 나오는 것입니다. 나의 신념이나 나의 힘에서 나오는 것이 아닙니다. 강한 군사력이나 권력에서 나오는 것도 아닙니다. 하나님의 말씀에서 나오는 것입니다.

"이 율법책을 네 입에서 떠나지 말게 하며 주야로 그것을 묵상하여 그 안에 기록된 대로 다 지켜 행하라 그리하면 네 길이 평탄하게 될 것이며 네가 형통하리라."(수 1:8)

하나님의 말씀을 가까이 함이 승리의 비결입니다.
하나님의 말씀을 가까이 함이 시작이고 끝입니다.
우리의 미래는 "하나님의 말씀"입니다.

감사하며

책이 완성되기까지 3년이라는 시간이 걸렸다.

참으로 많은 우여곡절이 있었다.

처음 계획은 요한복음 14~17장까지였다. 총 25강 정도로 구상을 하였다.

그 시절에는 왜 그리 힘들었는지!

3개월 동안 나간 진도는 1강과 2강 두 개뿐이었다.

그리고는 2년 6개월 동안 손을 대지 못한 채 망설이기만 하였다. 망설이는 동안 많은 독서와 사색을 하였다. 책 쓰기에 관한 책들을 많이 탐독했고, 독서법과 교육 그리고 경영에 관한 책들도 많이 읽었다. 그 이유는 처음으로 출간하고 싶었던 책은 성경에 관한 것보다는 교육, 독서법, 경영에 관한 책을 출간하고 싶었기 때문이다.

우연히 본 한 권의 책의 내용이 마음을 사로잡았다.

"자신이 공부하는 분야, 가장 강점을 가진 곳"을 중심으로 일을 계획하고 나가야 성공할 확률이 높다는 것이었다. 순간 많은 생각에 잠겼다. 내가 이제까지 가장 많이 공부한 분야는 어디일까? 나의 강점은 무엇일까?

과감히 방향을 바꾸고 글을 적기 시작했다. 그렇게도 힘들었던 글쓰기가 어렵지 않게 진행되는 것이 신기하기만 하였다. 2년 6개월 동안 쌓아 놓은 독서와, 책 쓰기에 관한 많은 공부가 큰 힘이 되었던 것이다.

위기가 새로운 기회를 만들었다. 80% 정도 완성되었을 때 전혀 예상치 못한 일이 생겼다. 코로나바이러스로 인해서 교회가 큰 위기를 맞이하게 되었다. 오랫동안 생각하고 구상해 왔던 일을 이제 시작해야겠다는 용기와 함께 결단을 하였다. 그것은 "누구나 성경을 스스로 공부할 수 있도록 방향과 길을 제시해 주는 것"이었다. 이제는 때가 되었구나! 더 이상 미루면 안 되겠다는 마음에서 과감한 수정을 단행했다. 빨리 앞당기고자 최대한 집중해서 마무리를 지었다. 참으로 힘든 과정이었다.

이 책이 나올 수 있도록 길을 인도해 주신 하나님께 감사를 드린다.

가장 고마운 분은 지금 이 책을 읽고 있는 독자들이다.

오랜 세월 믿어 주시고 기도해 주신 어머니께 감사와 이 책을 드리고 싶다. 내가 이 땅에 존재하기에 이 책을 통해서 많은 이들에게 도움을 줄 수 있는 것이다.

밤늦도록 책에만 집중하다 보니 예쁜 딸 다혜가 아빠 보고 싶다고 우는 모습이 얼마나 마음에 걸렸는지…. 묵묵히 따라온 다혜 엄마에게도 고마움을 전한다.

"THE 편곡" 저자 주지영 작가, 여동생에게도 고마움을 전한다.

저를 항상 아껴주시고 기도해 주시는 교회 모든 분들에게도 고마움을 전한다. 이 책이 나올 수 있도록 힘이 되어준 청어출판사 이영철 대표님에게도 마지막으로 고마움을 전한다.

"고맙습니다."

2020년 3월

서재에서 주경복

-기도! 놀라운 특권(Guide Book)

어떻게 시작할 것인가?

올 겨울에 B형 독감에 걸려서 고생을 많이 했습니다. 지금까지 이러한 독감에 걸린 적이 없어서 괜찮겠지 하고 올해는 예방접종을 하지 않았습니다. 감기가 왔는데 열도 많이 나고 이번 감기는 왜 이리 아플까, 이렇게 아파서 어떻게 사나 하고는 그냥 참았습니다. 그런데 온 가족이 아파오기 시작한 것입니다. 병원에 가서 증상을 이야기하고 검사를 해 보니 B형 독감이었습니다. 올 겨울은 저의 미련함 때문에 많은 고생을 했습니다.

이 책을 쓴 목적을 밝히자면 "예방 주사"를 맞자는 것입니다. 너무나 빨리 변해가는 세상문화와 수많은 이단들에 대해서 예방주사를 맞는 것입니다. 이제는 이단들도 계획적이고 조직적으로 움직이기 때문에 교회가 아무리 조심해도 당해낼 재간이 없습니다. 그러나 예방주사를 잘 맞게 되면, 그 병이 와도 가벼운 감기로 지나가듯, 위기가 왔을 때 그 위기를 잘 극복할 수 있습니다.

교회에 대한 회의와 실망으로 교회를 떠난 분들을 위해서입니다. 그들은 더 이상 목회자들의 말을 신뢰하지 않습니다. 목회자들이 맹목적으로 믿고 따라오라는 말을 가장 싫어합니다. 그들의 마음을 움직이는 힘은 감정적으로 무조건 따라오라는 것이 아니라, 감정이 아닌 객관적이고 타당한 사실입니다. 그들이 지금은 반감을 가지고 있으나 돌이켜서 교회의 일군이 되면 바울처럼 큰 역할을 감당하리라 믿습니다.

마지막으로 다른 종교를 가졌거나 종교가 없는 분들에게도 복음을 전하기 위함입니다. 그들이 읽어도 받아들일 수 있고 공감대가 형성될 수 있도록 다양성을 추구했습니다.

제가 성경을 보면서 오랫동안 고민한 것이 있습니다. 어떻게 하면 사람들이 "성경을 스스로 공부"해 나갈 수 있을까 입니다.

현재 우리나라의 잘못된 교육의 정책과 방향들이 교회에 상당수 들어와 있습니다. 그중 하나는 결과만 중요시 여기는 것입니다. 결과보다는 과정이 중요합니다. 결과가 안 좋아도 과정이 좋으면 시간이 흐른 후에 좋은 결과를 맺지만, 과정이 좋지 않고 결과만 좋은 것은 어느 정도는 되는 듯 하나 시간이 지나면 결과는 좋지 않게 됩니다.

성경을 주입적인 방법으로 가르치는 것과 어떤 사실에 대해서 분별없이 받아들이는 태도도 잘못된 것입니다. 성경은 4지 선답형 문제처럼 시험을 치듯 공부를 해서는 안 됩니다. 성경을 본다는 것은 "학문의 근본을 다지는 것"과 같습니다. 배운다는 것과 깨닫는다는 것의 근본은 "뜻을 찾아가기 위함과 스스로 깨달아 가는 것"입니다. 학문하는 이의 가장 중요한 자세요 마음가짐입니다. 성경도 마찬가지입니다. 이러한 자세가 기본이고 근본이 되어야 합니다.

다르게 표현한다면 생각하는 것이요, 사색하는 것이요, 철학하는 것입니다.

깊은 도(道)에 이르기 위해서 끊임없이 노력하는 자세입니다.

도(道)라는 말의 사전적 의미는 "마땅히 지켜야 할 도리" "종교적으로 깊이 깨친 이치, 또는 그런 경지"입니다. 참 좋은 의미입니다. 그러나 아쉽게도 이단들이 이 말을 사용해서인지 기독교에서는 어색한 말이 되었습니다.

하나님과 사람이 마땅히 지켜야 될 도리이고, 사람들이 더불어 살아감에 있어서도 마땅히 지켜야 할 도리입니다. 그리고 성경을 깊이 깨닫고자 끊임없이 노력하는 도(道)의 모습입니다. 이것이 학문하는 이의 마음가짐이요 성경을 보는 이의 태도와 도리입니다.

이 책의 특징은 누구나 쉽게 읽을 수 있습니다. 어렵지 않고 지루하지 않게 전체를 읽어가도록 했습니다. 그 이유는 읽는 것이 우선이기 때문입니다. 아무리 훌륭한 책이라도 읽지 않으면 종이에 불구하고 쓸모가 없기 때문입니다. 누구나 쉽게 읽어 나갈 수 있도록 하였고, 여러 번 읽고 생각할 수 있도록 깊이를 더 했습니다.

이 책을 활용하는 방법

1. 이 책의 특징은
1) 질문과 답을 통해 찾아가는 방법
2) 성경을 스스로 공부하는 방법
3) 예화를 통한 방법

2. 이 책을 공부하는 방법은
1) 성경을 읽으면서 하는 방법
2) 예화를 활용하는 방법
3) 책을 직접 읽으면서 하는 방법
4) 책과 함께 다른 것을 활용하는 방법

3. 어떻게 진행할 것인가?
1) 찬송
2) 성경공부 전 기도
3) 성경공부

4) 성경공부 후 기도

5) 마무리

4. 대상은

1) 가족

2) 뜻이 맞는 사람

3) 교회

5. 마무리

1. 이 책의 특징은

1) 질문과 답을 통해 찾아가는 방법

성경을 보는 방법에서 가장 좋은 방법입니다. 스스로가 질문을 하고 답을 찾아가는 방법입니다. 이 방법에 대한 자세한 언급은 "기도! 놀라운 특권"이라는 제목의 글을 참고하시면 됩니다.

우리나라 사람들은 질문하는 방법에 대해서 미흡한 점이 많습니다.

서로가 의사를 전달하는 과정에서도 많은 오해를 낳습니다. 어떤 일에 대해 의논을 하면 그 일에 대해서 생각을 나누고 대안을 찾아가는 것이 아니라, 서로간의 의견 충돌로 인해서 원수가 되어버리는 경우를 종종 봅니다.

질문하는 법을 배워야 합니다. 대다수 사람들은 질문을 "지식적인 것" 위주로 합니다. 이것은 올바른 질문이 아닙니다. 지식적인 것은 스스로 찾아가야 합니다. 어떤 책에 대해서 질문 하기 전에 책을 끝까지 읽어보는 것이 우선이고 예의입니다. 책을 끝까지 보지도 않고 중간에 반박하거나 무엇을 물어 보는 것은 좋은 자세가 아닙니다. 끝까지 읽어 보고 나서 질문을 하는 것이 좋습니다. 이해가 안 되는 것은 컴퓨터나 스마트폰으로 검색만 해 보아도 내가 찾는 답이 상당수 나옵니다. 이러한 자세가 우선이라는 것입니다.

내가 답을 찾기 위해 노력을 하고 나서 질문을 하는 것이 좋은 자세 입니다.

왜 이것이 안 되는가 하면 급한 마음과 무엇인가를 노력 없이 얻고자 하는 욕심 때문입니다. 세상에는 쉽게 얻어지는 것은 없습니다. 그것이 있다면 거짓이거나 사기일 가능성이 많습니다.

최근에 제가 집중적으로 읽은 책이 있습니다. 김병완 작가의 『초의식 독서법』이라는 책을 10번을 읽었습니다. 그것도 빠르게 가볍게 읽은 것이 아니라 정독으로 깊이 있게 읽은 횟수입니다. 읽은 것으로만 끝난 것이 아니라 책 내용을 필사한 것만 A4로 50페이지 이상이고, 제가 따로 기록한 양도 50페이지 정도입니다. 이런 과정을 3번 이상 반복했습니다. 다시 읽고 생각하고 정리해 나간 과정입니다. 거의 책 3권 이상의 분량입니다. 이렇게 한 이유는 그 책을 완전히 내 것으로 만들고자 함이고, 그 책을 넘어서 새로운 책으로 만들어 가고 싶어서입니다. 이렇게 한 결과로 저는 초의식 독서법을 넘어서 나만의 새로운 독서법에 대한 이론의 틀을 다듬게 되었고 그 일부가 지금 적고 있는 글 입니다.

저도 속독법, 퀀텀독서법, 성경통독 등 다양한 방법을 혼자서 많이 시도도 해 보고 적용도 시켜 보았습니다. 충분히 이런 독서도 가능합니다. 그런데 왜 굳지 미련하게 독서를 하는 것일까요?

스스로에게 질문을 하기 위함이고, 답을 찾아가기 위함입니다!

질문하는 방법과 태도가 바뀌어야 합니다. 이것이 시작입니다.

이러한 자세에서 위대한 질문이 나오고 위대한 답이 나옵니다. 위대한 답을 한 사람이 위대한 인물이 될 수 있습니다. 성경 안에서 위대한 질문을 하게 되면, 하나님께서도 위대한 깨달음을 주시고, 그 깨달음이 지혜와 명철로 나타나서 위대한 역사가 일어납니다. 요셉의 지혜와 명철도 쉽게 얻어진 것이 아닙니다. 그 절망적인 상황 속에서 위대한 질문과 답을 했기 때문에 하나님께서 지혜와 명철을 주셨고, 요셉은 그것으로 위대한 역사를 이루어 냈던 것입니다.

답을 찾아가는 과정에서는 유연성과 함께 다양성이 있어야 합니다. 내 것만 옳다하는 편협한 생각을 버려야 합니다. 다양한 곳에서 귀를 열어두고 답을 찾도록 노력을 해야 합니다.

서로 간에 질문을 하고 답을 할 때에도 마찬가지입니다. 답은 정해져 있는 것이 아니라 끊임없이 찾아야 될 숙제라는 것을 명심해야 합니다.

2) 성경을 스스로 공부하는 방법

성경을 볼 때 중요시해야 될 것은 전체를 보는 안목과 저자가 말하고자 하는 의도를 파악함이 우선입니다. 성경의 저자는 하나님이십니다. 성경 전체에서 하나님의 뜻을 바르게 보는 것이 중요합니다. 이러한 관점으로 성경을 보기 위해서는 많은 훈련이 필요합니다.

성경 전체를 보면서 저자의 의도를 파악하는 것은 지식적으로 아는 것하고는 완전 다른 차원입니다. 지식적으로 아는 것도 도움이 될 수 있으나 더 깊은 세계로는 나아가지 못합니다.

성경이라는 학문은 다른 학문과는 완전 다릅니다. 성경은 공부하면 할수록 끝을 알 수 없는 학문입니다. 그 넓이와 깊이는 끝이 없습니다.

이 책에서는 성경 전체의 흐름을 잡아가면서 본문을 부분적으로 제시했습니다. 그렇기에 성경본문과 저의 설명을 참고 하시면 충분히 이해가 될 것입니다. 한 번에 모든 것을 다 하려고 해서는 안 됩니다. 여러 번 읽어보고 생각해 보면 자연스레 이해가 될 것이고, 이해가 된 것에서 끝내지 말고 자신의 손으로 직접 정리를 해 보는 것이 좋습니다. 이 과정까지 왔다면 다음과정이 중요합니다. 이 과정을 성의껏 했다면 자신이 정리한 것을 토대로 자신만의 또 다른 교재로 만들어야 합니다. 여기에서 주의해야 할 점은 자신의 생각과 틀로서 만들어서는 안 됩니다. 제가 해 놓은 내용을 충분히 숙지하고 나서, 그 중심에서 벗어나지 않는 범위에서 해야 합니다. 처음에는 다소 어려울 수 있으나 몇 번만 이러한 과정을 겪게 되면 성경을 보는 눈이 완전히 달라진 자신을 보게 될 것입니다.

이 책에서 사용한 성경본문이 몇 장 안 되는 것 같아 보이지만, 이렇게 정리를 해 보면 많은 성경의 내용들이 있다는 것을 알 수 있을 것입니다. 그 이유는 성경 전체를 토대로 최대한 엑기스만 모아 놓았기 때문입니다.

전체적으로 정리가 되었다면 제가 말한 의도에서 벗어나지 않는 범위에서 다양한 성경본문을 활용하셔도 좋습니다. 성경본문을 활용하게 되면 내용도 알차게 되고 자신만의 교재로 가는 첫걸음이 됩니다. 성경

구절과 함께 자신의 생각들을 정리해 나가면 더욱 알찬 교재가 됩니다. 이렇게 까지 할 경우에는 저의 책을 정독으로 최소 3번 이상 읽은 후에 하시는 것을 권해 드립니다. 그렇지 않고 대략 읽고 제가 제시한 방법대로 하면 제가 말한 의도와 다른 교재가 나오고, 그것을 사람들에게 사용해 보면 효과도 떨어지고 명확한 메시지도 없어집니다.

유명하고 뛰어난 사람이 만들어진 교재를 활용해서 외우고 그것을 그대로 전달하는 공부도 도움이 되나, 그 책속에 갇히게 되고 그 다음에도 다른 교재나 책이 있어야지 가르칠 수 있는 사람이 됩니다. 스스로 무엇인가 하기를 두려워하고 무엇이 나오기를 기다리기만 합니다. 이것이 현재 교회의 모습입니다.

삼성을 300배 이상 성장시킨 이건희 회장의 특징은 일괄적이고 답답한 형태의 경영이 아니라 "시대의 흐름을 읽어가면서 자유자재로 위기를 극복하는 경영"이었습니다. 손자병법에서 말하는 자유자재의 전술입니다. 교회도 어떤 특정한 사람만 보고 그 사람만이 절대적이라는 편견을 깨어야 합니다. 요즘 누구나 보는 유튜브의 특징이 무엇입니까? 누구나 TV방송을 만들 수 있다는 겁니다. 어떤 특정한 회사가 아닌 마음만 먹으면 개인이 방송을 만들고 그것을 공유하면서 수입을 얻을 수 있는 묘한 구조입니다. 성경도 마찬가지입니다. 시대의 흐름을 읽으면서 자유자재로 위기를 극복해 내는 책이 되어야 합니다.

처음에는 다소 힘이 드나 제가 제시한 방법대로 만들어진 자신의 교재는 그것으로 끝나는 것이 아니라 계속적으로 재생산이 가능하고 자신뿐 아니라 다른 이들에게도 성경을 전하는 것에 많은 도움이 됩니다. 무엇보다도 성경에 대한 관심이 생기고 자신이 더 많은 공부를 하게 되므로 신앙적으로도 많은 성장이 있습니다. 스스로 생각하는 힘이 강해지고 분별력이 생겨서 이단들이나 잘못된 사상들이 와도 분별할 수 있고 그것을 이겨 나갈 수 있는 지혜로운 사람이 되는 것입니다. 자신의 신앙은 자신이 지켜 합니다. 어느 누구도 대신해 주지 못합니다.

3) 예화를 통한 방법

책 속에는 많은 예화가 있습니다. 질문을 하고 그 질문을 찾아가는 방법과 제가 직접 겪은 삶의 이야기, 다양한 책을 통해 언급한 예화들인 정치, 경제, 교육, 생활 등 다양성을 두었습니다. 누구나 봐도 충분히 이해할 수 있고 활용할 수 있도록 했습니다.

예화를 보시고 책을 순서대로 하시는 방법이 가장 좋으나. 자신이 가장 맘에 드는 것을 골라 하셔도 됩니다. 먼저는 한 두 개라도 내가 소화되고 가장 자신감 있는 것을 하시면 그 다음 진행할 때 수월해 집니다. 먼저 해야 될 예화가 정해졌다면 내용을 세심히 봐야 합니다. 저자가 말하고자 하는 뜻이 무엇인지 충분히 파악하고 나서는 그 내용을 어떻게 전할 것인가도 충분히 고민해 보아야 합니다. 고민과 함께 질문도 만들어야 합니다.

예화를 한두 개를 해 보시고 자신감이 생겼다면 전체를 해 보는 것도 좋습니다. 그 이유는 한쪽으로 치우치지 않기 위함입니다. 성경의 시야로 정치, 경제, 교육을 보는 훈련이라 생각하시면 됩니다.

제가 적은 예화를 그대로 하셔도 좋습니다. 무엇이든 쉽고 부담 없이 하는 것이 좋습니다. 어렵게 가다 보면 지치고 포기하기 때문입니다.

제가 적은 글에서 다양성을 추구하고 싶다면 저의 글과 질문을 중심으로, 다른 책과 자료를 같이 활용해 보셔도 좋습니다. 먼저 리더가 충분히 공부하고 난 후 정리된 상태에서 하는 것이 좋습니다.

2. 이 책을 공부하는 방법은

다음으로는 실제적으로 공부하는 방법을 볼까 합니다. 이 방법들을 개별로 사용해도 좋고, 같이 묶어서 조합해도 좋습니다.

1) 성경을 읽으면서 하는 방법

성경을 읽으면서 하는 방법이 가장 좋은 방법입니다. 그러나 방법적인 면에서는 가장 어렵습니다. 많은 준비와 경험이 필요합니다.

리더가 먼저 저의 책을 여러 번 읽고 나서 성경을 봐야 합니다. 성경도 최소 다양한 번역본으로 50번 이상(요한복음 14, 15, 16장 기준)보는 것이 좋습니다. 팀원들과 같이 공부할 때 팀원들도 저의 책을 읽고 나서 하는 것이 좋습니다. 그때 할 분량만큼 읽고 와서 하는 것도 좋습니다. 만약에 저의 책을 읽지 않고 진행하다보면 리더가 힘들어 집니다. 왜냐하면 사람들이 성경만 다루다 보면 리더에 대한 자질을 생각할 것이고, 기존에 알고 있던 방법들이 새로운 것을 받아들이기가 힘들기 때문입니다. 그렇기 때문에 같이 공부하는 사람들도 책을 읽어야 합니다. 이 책은 초등학생 이상만 되면 충분히 읽어 나갈 수 있습니다. 부모님들은 어려서 안 된다는 생각을 하지 마시고, 자녀들과 같이 읽고 동기부여와 함께 자세히 설명해 주시면 됩니다.

진행하는 방법은 요한복음 14, 15, 16장을 같이 읽으면서 리더가 다양한 방법으로 중간 중간 설명을 해주면 됩니다. 단 설명이 너무 길면 안 됩니다. 성경 안으로 들어가는 것이 우선이기 때문입니다. 성경이 몇 장 안 되니 전체를 다 읽으시는 것이 좋습니다. 성경을 한 가지만 고집하지 말고 다양한 성경번역본을 추천 드립니다. 제가 개인적으로 가장 많이 손이 가는 성경번역본은 현대어성경 개정판입니다. 만듦새도 좋고 가격도 적당하고 내용도 우리가 보는 성경과 좀 다른 형식이라 좀 더 다른 각도로 이해하기 좋습니다. 개역개정 성경을 충분히 읽고 나서 다른 번역본을 보는 것이 좋습니다.

처음에는 리더가 개역개정으로 그 내용을 가르치면서 같이 읽어 나갑니다. 사람들이 어느 정도 이해하게 되면 다음은 전체를 같이 읽어 나가면서 질문과 답의 형식으로 가도 좋습니다. 리더가 읽어 가면서 마음에 감동 오는 곳을 이야기해도 좋습니다. 이러한 방법이 단순하고 재미없어 보일지 몰라도 직접 해 보면 효과가 좋습니다. 성경에 대한 자신감이 생기고 자연스럽게 성경을 더 가까이 하게 됩니다. 리더도 성경에 대해서 많은 공부가 되고, 팀원들도 성경에 대해서 관심을 가지고 집중하게 됩니다.

제가 설교를 하는 방법 중 하나의 방법은 성경본문과 전할 내용을 이러한 방법으로 해서 외워버립니다. 예화는 최대한 없이 합니다. 예를 들어 누구나 잘 아는 말씀인 요한복음 3장 16절 말씀을 전할 때에 요한복음 3장 1절에서 21절까지 내용을 준비하고는 외워버립니다. 그리고는 성경을 펴서 사람들과 같이 읽고는 성경 속 이야기를 다양한 형태로 전달하면서 성경 안으로 들어갑니다. 이런 방법으로 10번 이상을 해 보면 그 후에는 그 본문에 대해서 명확해지고 맥이 잡히면서 자신감이 붙습니다. 처음에는 어렵고 힘들지만 10번 이상 넘어가면 내용이 다듬어져서 자신감이 더 생기고, 성경을 전달 할 때에도 변화되어 가는 자신의 모습을 보게 됩니다.

많은 설교가들이 왜 설교가 힘들고 많이는 하되 발전이 없는가 하면 너무 많은 것을 이야기 하려하기 때문입니다. 한 가지라도 자신의 것으로 만드는 것이 중요한 것이지 이것저것 다 하려다보니 이것도 저것도 아닌 뒤죽박죽되어 복잡해집니다. 그러면 듣는 사람들도 복잡해서 알아듣기 힘들어집니다. 유명한 설교가와 강사들의 특징은 내용의 질도 좋지만 말이 명확하고 쉽습니다. 사람들이 알아듣기 쉽도록 명확하게 내용을 전달합니다.

실천이 중요합니다. 이러한 방법으로 10번 이상 해 보시면 자신감이 생기고 자신만의 색깔이 나옵니다. 50번이 넘어가면 또 다른 경험을 하게 됩니다. 횟수가 늘어날수록 듣는 사람들도 그 메시지에 감동과 함께 힘을 느끼고 놀라운 은혜의 늪으로 빠져들게 되므로 리더를 더욱 존경하게 됩니다.

2) 예화를 활용하는 방법

"예화를 통한 방법"에서 설명을 드렸습니다. 그 내용만 충분히 숙지하셔도 됩니다. 중요한 것은 이 책을 같이 읽는 것입니다. 서로가 같이 읽어가면서 같은 공감대를 형성하는 것이 좋습니다. 공감대만 형성되면 그 다음 진행하기가 수월해 집니다.

3) 책을 직접 읽으면서 하는 방법

가장 효과적이고 쉽게 다가갈 수 있다는 장점이 있습니다. 리더에게도 아주 유리한 방법입니다. 사람들에게도 전체적으로 한 번 읽게 하는 것이 좋습니다. 그리고는 리더가 할 분량을 정해 주고 그 분량까지 나가면 됩니다. 이때에 리더는 중심 주제를 잘 설명해 주시고 질문과 답을 찾는 형식으로 진행하셔도 됩니다. 아니면 리더가 읽고 좋았던 부분만 설명해 주어도 좋습니다. 방법적인 면에서는 다양한 응용이 가능합니다. 이것이 가능한 이유는 기본이 탄탄한 상황에서 나가기 때문입니다. 같이 책을 읽기 때문에 서로가 공감대가 형성되고 이해하는 것도 빠릅니다.

이때 리더의 역할은 가르치기 보다는 들어주기를 잘 해야 합니다. 다른 사람들도 이야기 할 수 있는 시간을 주어야 합니다. 한 사람에게만 너무 치우치지 말고, 한 사람당 3분 이내의 시간을 정해두고 그 시간 안에 이야기를 하도록 권해야 합니다. 모든 사람들이 참여하도록 하는 것이 좋습니다. 사람의 본성은 아주 훌륭한 강의를 듣는 것보다도 자신이 직접 깨달은 바를 이야기 할 때 스스로가 더 많은 보람을 느낍니다. 공동체에서 주체가 됩니다. 이것을 꼭 기억하시기 바랍니다.

4) 책과 함께 다른 것을 활용하는 방법

이 방법은 힘이 들겠지만 도전해 볼 만합니다. 리더에게도 많은 공부가 됩니다.

단 이 책을 무시하고 자신의 생각대로 다른 것을 만들면 안 됩니다. 같이 활용을 해야 합니다.

팀원들도 이 책을 반드시 읽어야 합니다. 그렇지 않고 리더가 일방적으로 해 나가면 많은 어려움을 당하게 됩니다. 팀원들도 같이 읽어 나가면서 공감대가 형성되었을 때 리더가 새롭게 만든 자료를 활용하면 효과는 더욱 좋습니다. 팀원들도 준비된 리더로 인정해 줄 것입니다. 새롭게 만드는 방법은 다양하게 언급해 놓았으니 참고하시기 바랍니다.

3. 어떻게 진행할 것인가?

가장 중요한 포인트는 공부를 하기 전 기도와 공부가 마친 후의 기도입니다. 기도 시간이 길면 안 되고, 주어진 기도 제목 이외는 다른 기도는 안 하는 것이 좋습니다. 본질에 충실 하는 것이 가장 좋습니다.

1) 찬송

찬송가가 좋습니다. 자유롭게 하셔도 됩니다. 너무 찬송하는 시간이 길면 비효율적입니다. 리더가 가장 자신 있는 곡으로 1, 2곡 정도가 적당합니다. 마음의 문을 열기 위함입니다.

2) 성경공부 전 기도

기도의 내용은 "진리의 성령님이 오셔서 이 말씀을 깨달을 수 있도록 인도해 달라는 기도"입니다. 기도시간은 3분 이내가 적당합니다. 묵상 기도가 좋습니다. 기도 제목은 이 한가지로 집중하셔야 됩니다. 이 기도를 드리므로 준비가 되고 중심이 하나님의 말씀으로 가게 됩니다.

3) 성경공부

다양한 방법으로 하시면 됩니다. 그 팀의 특징에 맞게 하시면 됩니다.

4) 성경공부 후 기도

공부가 끝나고 나서 하는 기도입니다. 이때가 중요합니다. 감정적으로 가서는 안 됩니다. 시간은 5분 이내가 좋습니다.

이 때 기도 제목도 "오늘 배운 것을 잘 깨달을 수 있도록, 우리들이 성경으로 돌아갈 수 있도록"입니다. 이 두 가지만 집중하시면 됩니다. 중보기도를 나누는 것도 좋지만 그렇게 하다보면 원 목적에서 벗어나기 쉽습니다. 이렇게 공부하는 것은 시작일 뿐입니다. 그 다음은 내가 사는 곳에 가서 영향력을 끼쳐야 합니다. 다른 기도들은 개인적으로 하시면 됩니다.

그 외 사도신경, 주기도문, 대표기도 등은 자유롭게 하셔도 됩니다. 처음에는 1시간 정도가 적당합니다. 익숙해지면 시간을 조금씩 늘리면 됩니다. 능력만 된다면 많은 시간을 하셔도 됩니다.

4. 대상은?

1) 가족

가장 좋은 대상이고 적극 추천 드립니다. 가장 어려울 수도 있습니다. 그러나 반드시 해야 됩니다. 부모님들은 자녀들이 알아서 잘 믿겠지 하나님이 잘 인도해 주시겠지 교회가 책임져 주겠지, 이러한 생각은 참으로 위험한 생각입니다. 하나님께서 부모에게 자녀들을 맡겨 주셨습니다. 부모들의 책임이 커다는 것입니다. 부모들의 영향력에 의해서 아이들의 미래가 결정됩니다. 신앙은 죽고 사는 문제입니다. 생명이 달린 문제이고 영생이 달린 문제입니다. 가정은 이 나라의 뿌리이고 기둥입니다. 가정이 무너진다는 것은 뿌리와 기둥이 없어지는 것이고 나라의 미래도 없어지는 것입니다.

리더를 맡은 자는 기도를 많이 하셔야 합니다. 이왕이면 아버지가 맡아서 하면 좋습니다. 어머니가 하셔도 괜찮습니다. 앞에서 다룬 다양한 방법 중에서 우리 가정에 가장 좋은 방법을 선택하시면 됩니다.

주의해야 할 것은 리더가 무조건 가르치려 들면 안 됩니다. 이 기회를 통해서 내가 하고 싶은 말과 잔소리를 하시면 안 됩니다. 가장 좋은 방법은 책을 기준으로 하는 방법입니다. 이렇게 하면 오해가 생기지 않고, 이제까지 쌓인 오해도 풀어갈 수 있는 길이 열릴 수 있습니다.

온 가족이 각자 책을 가져야 합니다. 책의 소중함을 가르쳐야 합니다. 많은 설명보다는 서로가 질문하고 답을 찾아가는 형태로 이야기를 나누는 것이 좋습니다.

좋은 팁을 드리면 가족 구성원들마다 리더의 자격을 돌아가면서 하는 방법입니다. 리더가 미리 방향을 정하고는 다음에 어느 부분을 누가 할 것이니 준비해 달라고 하면 됩니다. 시간은 10분 전후가 좋습니다. 끝나고 나서는 칭찬을 꼭 해 주어야 합니다. 그러면 아이들도 직접 참여했다는 것에서 만족을 느끼고 더욱 적극적인 자세가 될 것입니다. 어른들에게는 아무것도 아닌 것 같으나 아이들에게는 큰 경험이 되고 값진 것을 얻을 수 있는 시간이 됩니다. 부모에 대한 시선이 달라질 것입니다. 하나님께서 이 가정의 주인 되심을 체험하게 될 것입니다.

우리에게는 익숙하지 않은 문화이기 때문에 처음에는 어려움이 따를 것입니다. 부모님들이 강한 의지로 가야 합니다. 시간을 약속하고는 꼭 지키셔야 되고, 부모가 먼저 모범이 되어야 합니다.

가족은 서로가 섬기는 자가 되어야 합니다. 이러한 과정에서 가족들 간에 공통된 목표와 방향이 생겨서 서로 간에 강한 끈이 형성될 것입니다.

책이 다 끝났으면 성경으로 하시면 됩니다. 책에 나왔던 본문을 다양한 번역본을 활용하시면 더욱 좋습니다.

2) 뜻이 맞는 사람

사람들이 많다고 좋은 것은 아닙니다. 욕심을 부려서도 안 됩니다. 여기에서 각 사람들이 훈련 받고는 가정으로 돌아가서 리더가 되는 것을 목표로 삼으셔야 합니다.

리더는 팀원들을 아끼고 소중히 여겨야 합니다. 먼저는 뜻이 맞는 사람들과 같이 하는 것이 좋습니다. 할 수 있다는 용기를 주어야 합니다. 이것을 왜 해야 하는가에 대한 명확한 목표를 이야기해야 합니다. 사람들과 같이 이 책을 읽으면서 해야 합니다. 이것을 하는 목적은 "성경으로 돌아가기 위함"입니다.

리더가 혼자서 진행하기 보다는 중간에 팀원들이 돌아가면서 하는 것이 좋습니다. 10분 정도의 시간이 적당합니다. 끝나고 나서는 다양한 방법으로 칭찬을 해 주면 좋습니다.

3) 교회

교회 지도자들은 충분히 이 책을 보셔야 됩니다. 다 아는 사실이라고 가볍게 여기면 안 됩니다.

최종 목적은 가정에서 하나님을 섬기는 일이 이루어지게 하는 것입니다. 교회의 뿌리는 가정입니다. 자녀들입니다. 지금 교회가 위기 가운데 있는 가장 큰 이유는 자녀들이 교회에 나오지 않기 때문입니다. 자녀들은 부모들의 영향에 따라서 신앙이 좌우됩니다. 가정에서부터 성경을 읽고 가르치는 것이 시작이요 교회의 희망입니다.

그 공동체에 맞게 다양한 패턴으로 하면 됩니다. 여기에서도 중요한 것은 이 책을 중심으로 해야 합니다. 이 책이 빠진 채 다른 형태의 자료로 하면 이 책이 전하고자 하는 것과는 다른 방향으로 흘러가고 잘못된 방향으로 가기 쉽습니다.

5. 마무리

성경을 왜 알아야 할까요?
"여호와 경외하기를 배우게 하기 위함"입니다.

하나님을 경외하는 삶을 살 때 진리의 성령님이 오셔서 그 길을 인도해 주실 것입니다. 하나님을 만나는 놀라운 역사가 있을 것입니다. "기도! 놀라운 특권"이 주어질 것입니다.

가장 중요한 것은 "성경으로 돌아가는 것"입니다.

많이 부족한 자 이지만 용기를 내어 봅니다.
많은 이들이 기도와 후원으로 도와주시고, 많은 응원을 부탁드립니다.

교회는 이 나라의 미래입니다.
먼저는 나부터 변해야 됩니다.
나의 가정이 변해야 됩니다.
교회가 변해야 됩니다.

이 나라가 하나님의 말씀으로 요셉과 같은 인재가 나와서, 다시 새로운 역사를 만드는 대한민국이 되기를 꿈꾸면서….

기도! 놀라운 특권

주경복 지음

발행처·도서출판 **청어**
발행인·이영철
영 업·이동호
홍 보·천성래
기 획·남기환
편 집·방세화
디자인·이수빈 | 김영은
제작이사·공병한
인 쇄·두리터

등 록·1999년 5월 3일
(제1999-000063호)

1판 1쇄 발행·2020년 5월 10일

주소·서울특별시 서초구 남부순환로364길 8-15 동일빌딩 2층
대표전화·02-586-0477
팩시밀리·0303-0942-0478
홈페이지·www.chungeobook.com
E-mail·ppi20@hanmail.net
ISBN·979-11-5860-842-2(03230)

이 도서의 국립중앙도서관 출판시도서목록(CIP)은 서지정보유통지원시스템 홈페이지
(http://seoji.nl.go.kr)와 국가자료공동목록시스템(http://www.nl.go.kr/kolisnet)에서 이용
하실 수 있습니다.(CIP제어번호: CIP2020013821)